U0517153

我国城镇化进程中城乡基础教育均衡发展研究

罗志红　著

中国财经出版传媒集团

经济科学出版社

Economic Science Press

图书在版编目（CIP）数据

我国城镇化进程中城乡基础教育均衡发展研究/罗志红著．
—北京：经济科学出版社，2017.12
ISBN 978 - 7 - 5141 - 8810 - 3

Ⅰ.①我… Ⅱ.①罗… Ⅲ.①基础教育 - 城乡一体化 -
研究 - 中国 Ⅳ.①G639.21

中国版本图书馆 CIP 数据核字（2017）第 311260 号

责任编辑：李　雪
责任校对：王肖楠
责任印制：邱　天

我国城镇化进程中城乡基础教育均衡发展研究
罗志红　著
经济科学出版社出版、发行　新华书店经销
社址：北京市海淀区阜成路甲 28 号　邮编：100142
总编部电话：010 - 88191217　发行部电话：010 - 88191522
网址：www. esp. com. cn
电子邮件：esp@ esp. com. cn
天猫网店：经济科学出版社旗舰店
网址：http: //jjkxcbs. tmall. com
固安华明印业有限公司印装
710 × 1000　16 开　15.75 印张　280000 字
2017 年 12 月第 1 版　2017 年 12 月第 1 次印刷
ISBN 978 - 7 - 5141 - 8810 - 3　定价：56.00 元
（图书出现印装问题，本社负责调换。电话：010 - 88191510）
（版权所有　侵权必究　举报电话：010 - 88191586
电子邮箱：dbts@ esp. com. cn）

前　　言

　　党的十八届三中全会明确提出，坚持走中国特色新型城镇化道路，推进以人为核心的城镇化。城乡基础教育均衡发展不仅是以人为核心的新型城镇化发展的应有之义，更是贯彻落实《国家新型城镇化规划（2014～2020年）》的重要举措之一。因此，本书以此为核心议题，在系统梳理国内外相关研究成果的基础上，基于公共产品理论、教育公平理论、城乡一体化理论等基础理论，构建城镇化与城乡基础教育的理论分析框架；考察城镇化与城乡基础教育的动态发展过程，以及两者之间的相互影响关系，探寻城镇化进程中城乡基础教育非均衡的具体表现；构建城镇化背景下城乡基础教育发展的 Panel Data 模型，计量分析城镇化背景下城乡基础教育的人力资本效应、收入分配效应和经济增长效应，进而探究城乡基础教育非均衡的影响因素；并结合相关个案分析和国内外的实践探索，提出了推动城镇化进程中城乡基础教育均衡发展的政策建议。本书的主要研究内容如下：

　　（1）构建城镇化背景下城乡基础教育均衡发展的理论分析框架。本书在较为全面、系统梳理国内外相关文献资料的基础上，从经济学、政治学、教育学等方面深入阐述新型城镇化背景下城乡基础教育均衡发展的基础理论，如公共产品理论、政府职能理论、教育公平理论、人力资本理论、城乡一体化理论等，从学理上明确了城乡基础教育均衡发展基本内涵，构建了城镇化与城乡基础教育均衡发展的理论分析框架。

（2）动态分析城镇化进程中城乡基础教育非均衡发展的现状。本书主要基于城镇化的诺瑟姆曲线，分析城镇化的不同发展阶段中城乡基础教育发展之间的动态关系；论证城镇化与城乡基础教育均衡发展的相互影响关系，即分别从人口城镇化、经济城镇化、土地城镇化分析城镇化对城乡基础教育的影响，以及从社会福利提升、人力资本形成、经济增长等视角分析城乡基础教育均衡发展对"以人为本"为核心的新型城镇化的影响；从城乡师资力量、城乡基础教育办学条件、城乡基础教育资源等视角考察城镇化进程中城乡基础教育差异的主要表现。

（3）构建城镇化背景下城乡基础教育非均衡的影响效应模型。本书分别构建了城镇化背景下城乡基础教育非均衡分别影响人力资本、收入分配、经济增长的理论模型，并利用 2005～2014 年中国省际面板数据，分别建立城镇化进程中城乡基础教育与人力资本的不变参数模型、城镇化进程中城乡基础教育与收入分配的固定效应影响变系数模型、城镇化进程中城乡基础教育与经济增长的变截距固定效应模型，实证考察其人力资本效应、收入分配效应和经济增长效应。研究结果表明，城乡基础教育预算内支出的差距是导致城乡人力资本差异形成的重要原因；城乡基础教育差距进一步扩大了城乡收入差距，人均 GDP 的增长、财政教育支出占比的提升及城镇化水平的提高有利于城乡差距的缩小；城镇基础教育的产出弹性高于农村。

（4）城镇化进程中城乡基础教育非均衡发展的原因分析。本书针对我国城乡基础教育非均衡现象，基于经济性因素、制度性因素、政策性因素三个维度，从经济发展、户籍制度、教育管理体制、财政体制、民主决策机制、师资政策、课程政策等方面对其导致城镇化进程中城乡基础教育非均衡的原因进行了剖析。在此基础上，城乡基础教育均衡发展测度指标体系，选取江西省为研究样本，运用 2005～2014 年时间序列数据，从相对指标和绝对指标两方面对江西省城乡基础教育的均衡发展程度进行了实证考察。

（5）城镇化进程中城乡基础教育均衡发展的对策分析。主要通过对部分国家及我国一些地区在城镇化背景下城乡基础教育均衡发展方面的实践探索进行梳理、归纳、总结，获得相应的经验启示；紧密围绕中国共产党十九大报告的"五位一体"总体布局、"四个全面"战略布局，并结合中国城镇化进程中城乡基础教育非均衡发展的现状与原因分析，分别从教育理念、政府职责、教育体制、教育资源协调机制等提出了有针对性的建议。

罗志红

2017 年 12 月

目
录
contents

1

导　论

1.1　研究背景及意义

1.1.1　选题背景

城镇化率是一国现代化水平的重要衡量指标，城镇化是一国经济发展现代化的必由之路。自改革开放以来，中国的城镇化速度迅速提高，从 1979 年的 18.96% 增加到 2016 年的 57.35%，与此同时，中国经济增长亦实现了快速增长。但是传统的城镇化以物为本，片面追求城乡区域变更、城镇土地规模扩大、城镇人口规模化等数量型增长，忽视了城镇化以人为本的质量型发展，将导致产业升级缓慢、资源浪费、环境恶化、区域发展不协调、城乡经济社会发展不均衡等诸多风险，使中国经济可能陷入"中等收入陷阱"，进而影响中国经济发展的现代化进程。并且根据揭示城镇化发展规律的"纳瑟姆曲线"来看，目前中国城镇化正处于经济高速发展的中后期，这一时期的城镇化发展质量将直接决定中国经济发展能否顺利实现完全的现代水平。因此，自中国共产党第十八次全国代表大会以来，进一步明确了中国"要走中国特色的工业化、信息化、城镇化、农业化道路"，为中国新型城镇化的发展指明了促进城乡经济、社会、生态、文化等多方面协调发展、良性互动的有中国特色的城镇化新道路。这种新型城镇化道路摒弃了以物为本、片面追求城镇化速度的粗放型城镇化发展模型，而着眼于以人为本、城乡统筹、资源节约、环境友好、和谐发展等。

以人为核心的新型城镇化离不开城乡基础教育的均衡发展。基础教育是城镇化发展的基础和先导，要充分发挥基础教育的正能量，有效助力中国新型城镇化建设。首先，城乡基础教育的均衡发展有利于解决新型城镇化人口流动中的公平教育问题；其次，城乡基础教育的均衡发展水平不断提高有利于促进转移人口思想观念、生活方式的转变，新型城镇化建设中人的素质提高，应充分重视城乡基础教育的均衡发展对提高新型城镇化质量的基础性作用。

城乡基础教育的均衡发展还涉及当今世界各国最关心的人权问题和社会稳定问题，即教育公平问题。教育公平与否直接体现了一国政治、经济领域是否实现了权利的平等，折射出一国人权意识，是一国社会稳定的重要基石。早在20世纪40年代，《联合国人权宣言》第26条明确指出，教育的目的是人的自由发展，人人享有无差别的受教育的权利，并且在教育的初级和基本阶段实行免费义务教育。1946年成立的联合国教科文组织（UESCO）一直将全民初级教育的普及和教育公平的实现作为教育领域的重要工作计划，希望各国根据本国经济社会发展实际情况建立符合本国国情的教育体系，保障本国居民平等的受教育权利，消除教育方面的不平等。UESCO在第38次教科文组织大会上发布了"教育2030行动框架"，指出遵循教育公平原则，缩小教育差距是应对各国城市化、技术进步、政局动荡、环境恶化、全球失业率上升、人口老龄化、社会贫困与不平等等问题的重要手段，认为各国应保证教育的公平，消除社会、经济和文化方面的障碍。

城乡教育均衡发展已经成为我国国家发展战略的重要内容。2003 年《国务院关于进一步加强农村教育工作的决定》对农村教育改革的目的、内容、经费保障等方面全面部署，加快农村教育发展，促进城乡协调发展。并且在义务教育"两基"验收之后，将义务教育发展的重点转到义务教育均衡、公平发展。2005 年，教育部在《关于进一步推进义务教育均衡发展的若干意见》中首次指明"普九"之后义务教育发展的指导思想和目标是均衡化。2006 年，《义务教育法》第一次从政府职能的角度，从法律层面落实国务院和县级以上地方人民政府在义务教育均衡发展方面的职责。2007 年中国共产党的十七大报告提出，"教育公平是社会公平的重要基础"，要"优化教育结构，促进义务教育均衡发展"。这是第一次在中国共产党的政治报告中明确提出"义务教育均衡发展"的政治主张。2010 年 7 月《国家中长期教育改革发展规划纲要》（2010～2020 年）指出国家基本教育政策是促进公平，教育机会公平是教育公平的关键，义务教育均衡发展是实现教育公平的重点内容，教育资源的合理配置，尤其向弱势群体和地区的倾斜是缩小教育差距、实现教育公平的根本举措；并提出到 2020 年区域内义务教育均衡发展的基本实现目标。2011 年，教育部为有效推进全国各地义务教育均衡发展，采取签署义务教育均衡发展备忘录的方式，有效如期落实各级政府义务教育均衡发展的政府职责。2012 年，国务院为了达到教育规划纲要的发展目标，还印发了《关于深入推进义务教育均衡发展的意见》，为义务教育的均衡发展进一步明确了指导思想，大力促进了城乡义务教育的均衡发展。2015 年新《义务教育法》从法律上明确了义务教育经费投入的保障机制，并将促进义务教育均衡发展作为今后教育发展的方向从法律方面确定下来。2017 年十九大报告中明确指出，"建设教育强国是中华民族伟大复兴的基础工程，必须把教育事业放在优先位置，深化教育改革，加快教育现代化，办好人民满意的教育，……推动城乡义务教育一体化发展。"

1.1.2 选题的意义

（1）理论意义。自 20 世纪 80 年代以来学界围绕城镇化展开了一系列的探索，涌现了一批丰富的研究成果。在城镇化相关的论文和著作中主要对城镇化概念、特征、城镇化过程中存在的问题及其解决思路等展开了富有成效的论述，为本书的深入研究奠定了基础。而从相关文献整理来看，从基础教育的视角研究城乡基础教育均衡发展与城镇化相互影响的相关研究较为分散，需要对其进行系统化的深入研究。本书通过重新梳理国内外相关研究资料，基于公共产品理论、教育公平理论、城乡一体化理论等理论基石，构建城镇化与城乡基础教育的理论分析框架，全面分析两者的动态演进过程，有利于深入理解城镇化发展的以人为本的本质要求，促进城乡基础教育均衡发展，缩小城乡经济社会发展差距。因此，本书具有一定的理论意义。

（2）现实意义。本书通过实证考察城镇化与城乡基础教育的动态发展过程，探寻城镇化进程中城乡基础教育非均衡的具体表现，建立城镇化背景下城乡基础教育发展的影响效应模型，计量分析城镇化背景下城乡基础教育的效应，探究城乡基础教育非均衡的影响因素，并结合相关个案分析和国内外的实践探索，提出了推动城镇化进程中城乡基础教育均衡发展的政策建议，从而有利于缓解城镇化进程中以人为本的教育发展矛盾。因此，本书具有一定的现实意义。

1.2　国内外研究综述

1.2.1　关于教育均衡内涵的研究

均衡一词源自《素问·五常政大论》："升明之纪，正阳而治，德旋周普，五化均衡。"不同领域的均衡含义具有不同意义，其中物理学领域的均衡是指运动中的物体因为所受到的合力为零而处于静止的平衡状态；经济学领域的均衡是指市场经济体系中的各种经济变量（如市场的供求、价格等）因为受到来自不同方向经济力量的相互制约而达到的相对静止的状态。教育经济学中的教育均衡主要集中在教育公平（equality）领域，主要是指基于教育公平的原则要求，通过在不同教育机构和不同教育群体之间教育资源的公平分配，实现教育领域供给与需求的相对均衡。

20 世纪以来，如何实现教育均衡与公平已经成为"二战"后各国研究的重点问题与热点问题。为了解决教育机会公平方面的不公平现象，美国通过举行教育公平的意见听证会，实施"更高视野计划"（higher horizon program）和"头脑启迪计划"（head start program），通过了著名的"布朗裁决"和新民权法案等，以缓解美国社会中不同肤色、不同种族、不同宗教信仰的社会群体在接受公共教育部门所提供的公共教育方面的不均衡、不公平状况。为了更好地了解这些公共教育均衡政策的实施效果，美国社会各界对公共教育的机会公平状况进行了多方面的分析。其中约翰·霍普金斯大学的詹姆斯·科尔曼（James Coleman）社会学家为代表的调查组形成了著名的"科尔曼报告"。该报告通过问卷和标准化测试的方式，对美国 40000 所公立学校中不同类型的 60 万名学生与 6 万名教师的数据进行收集和整理，调查不同学校在种族隔离、校舍师资、学生学业成效、与学生学业成效有关的学校特征方面的情况；并采用投入——产出分析法评析这四个方面存在的不公平现象。"科尔曼报告"指出美国公立学校的种族隔离问题严重，美国少数民族中黑人学生的种族隔离问题最严重，而白人学生的种族隔离问题在所有人群中是最严重的。并且不同种族的学生——教师对应情况在黑人学校和白人学校存在着截然相反的现象，即黑人学生为主的学校，白人教师比例平均为 35%，而白人学生为主的学校，黑人教师比例平均仅为 3%。该报告还指出不同种族学生在不同学校间的学业成就影响因素各异。其中，少数民族学校的学生表现为对学校的设施、师资水平、课程设置更多的依赖性；而白人学校的学生对这些的依赖程度偏低，其依赖度仅为 10%。从黑人学生和白人学生的学习成就差异来看，主要归因于学校内部的社会因素影响，即两者不同的社会经济背景，并非缘于校舍设施、教师师资、课程设置等方面存在的差距。该报告特别强调家庭间、同学间社会经济背景对不同类型学生学业成效的显著影响，认为这些社会经济背景还将影响学生的学习期望。而对不同经济背景的学生进行融合，即将低收入阶层和中等收入阶层子女在学校融合共同学习，并不会以降低中等收入阶层子女的学业成绩为代价，并且提高了低收入阶层子女的学业成效，即"科尔曼法则"。科尔曼认为，教育公平的实现离不开教育资源的均等配置，学校通过公平分配教育资源，释放学生的潜能，减少学生对自身社会经济背景的依赖程度，从而使学生的学业成就不再受到来自家庭背景的影响。需指出的是，"科尔曼报告"的结论认为生均教育支出对学生学业成绩的贡献率偏低，仅为 1%；学生学业成绩的高低往往取决于同学的社会等级地位高低，即同学的社会等级地位越高，其更容易取得更好的成绩。科尔曼认为，"美国学校系统教育成就的平等不仅仅依赖于你所去的学校，至少还同样依赖于谁和你一起去……重要的是社会阶级的融合，而与设施无关。"汉纳谢克通过对美国公共教育资源配置的一系列定量研究进一步印证"科尔曼报告"关于生均教育支出与学生学业成绩的低相关性关系，重点评估师生比、教师学历、教师薪金、教师职称、教育经费、教育教学管理、学校设施等因素对学生成绩的影响，发现学校教育经费并未显著影响学生学业成绩，两者之间并不存在很强的相关关系。然而，"科尔曼报告"中关于学生的教育投入—产出模型过于简单，如对学生的学业成绩直接假定为教育过程中的一系列投入；并且以学生标准化考试中的成绩作为衡量教育产出的指标，并没有考虑其他更优的教育产出（质量）指标；其数据选取为时间序列数据，而非时间截面数据，需要更多的实证研究验证该结论的可靠性。从总体来看，"科尔曼报告"关于对弱势群体公共教育的倾斜政策，即"为了平等的反向歧视"，对教育公平的实现具有重要意义。

我国学界亦展开了教育均衡内涵的深入研究。王善迈（2008）从起点均等、过程均等和结果均等三个方面阐述义务教育均衡发展的内涵。其中，起点均等主要是要保障受教育者依法享有公共教育的权利，平等无差异地享有接受教育的机会，是实现教育均等的前提条件；过程均等是指公平配置公共教育资源，是实现教育均等的条件和保障；结果公平是最终公共教育的质量具有公平性，是教育均等最终所要实现的目标。李凌、卢洪友（2008）认为，教育均衡包含教育的机会均等，即应保障每个社会公民均应无差异的享有法律所赋予的教育机会与权利，这种教育机会与权利不应具有经济筛选的功能，即要求每个社会成员享有的教育权利均无经济门槛效应。从教育学角度来看，教育机会均等是三个方面均等的内涵，即起点公平、过程公平和结果公平，分别体现了在就业机会、教学过程及学业成就等方面的公平。倪红日、张亮（2012）基于经费投入的角度，认为我国基本公共服务均等化的判定标准应是政府间财政均衡的标准，即应合理控制各地区基本公共服务的生均财政支出差距（大概为 5% ~ 10% 的全国平均水平）。我国《国家基本公共服务体系"十二五"规划》从产出均等的视角，将基本公共服务均等化的规划实现目标定义为全体社会成员对基本公共服务可及性、可获得性的实现。龚锋等（2010）认为从投入与产出的均等对比分析，相对于教育投入、教育产出均等化的实现更加有意义。如果仅从教育投入的角度实现了教育均等或公平，那么教育产出的结果并不会自动地实现公平，因此公共教育经费投入虽然实现了均等或公平，但是可能存在公共教育经费的腐败、寻租等现象，因此并不能准确反映公共教育产出的可获得性及其可及性程度。但有多数学者指出，义务教育投入差异过大不利于产出均等的最终实现，义务教育经费投入的均等是实现义务教育均等的必要前提。

1.2.2　关于教育资源均衡发展的研究

早期，国外对教育均衡发展的研究重点主要集中在公立教育财政制度的公平性分析，即基于教育财政学理论；构建财政公平性评估与测量分析框架，主要针对各国公立教育财政公平的各种影响因素，提出相应的政策建议进一步深化公立教育的公平性研究。如美国教育学者埃尔伍德·帕特森·克伯林（Elwood Patterson Cubberly，1905）认为财政教育资金方面的分配影响了教育公平的实现，公共教育领域的财政公平包含三种层面的含义：公共财政资金分配方面的横向公平、纵向公平与财政中立。罗伯特·贝尔勒和李安娜·施蒂费尔（Robert Berne & Leanna Stiefel，1979）主张公共教育领域的所有学生均应享有教育的机会公平，其学业成绩不应取决于外部环境，如所辖区域的经济发展水平、家庭的经济状况、性别与种族等，而应该通过公共教育政策使每一个接受教育的学生处于同一起跑线上，最终通过教育所激发的创造力、不断提高的个人能力和坚持不懈的努力等获得成功。格思里和罗特施泰因（Guthrie & Rothstein，1999）强调公共教育均衡发展的充足性特征，即充足的公共教育资金为所有不同类型学生公平地享有获得知识与技能的学习机会提供了重要保障，体现了教育公平的实质。在衡量公共教育财政政策的公平程度时，国外学者通过对公共教育公平的价值判断，构建了相应的公平分析框架，并利用统计分析工具实证考察了公共教育的公平程度。罗伯特·贝尔勒和李安娜·施蒂费尔（Robert Berne & Leanna Stiefel，1981）提出，为了更好地评估教育财政政策的公平性应在明确教育公平内涵的基础上构建公平分析框架，同时采用统计分析工具对教育公平进行评估。罗伯特·贝尔勒和李安娜·施蒂费尔（Robert Berne & Leanna Stiefel，1994）进一步对区域内、校际间教育资源公平分配的内涵、方法论和实践中存在的问题深入探索，并重点研究与区域内教育公平紧密相关的公共教育政策的问题及潜在的解决措施。瑞奎尔·费尔南德斯和里查德·罗杰森（Raquil Fernandez & Richard Rogerson，2001）从公共教育财政体系改革的角度分析其对美国不同地区之间公共教育的均衡发展的影响，认为通过增加美国贫困地区的公共教育支出而减少富裕地区的公共教育支出最终有利于教育公平的实现。查尔斯·里多尔和约翰·阿卢科·奥伦多夫（Charles Lidoro & John Aluko Orodho，2014）基于希克斯的供求理论，利用社会科学统计软件包，重点研究卡卡美亚县肯尼亚公立小学教师师资水平和课程设置的有效性，结果表明政府对公立小学师资供应"冻结"降低了公立小学间教师"流动"，而课程设置远远低于区内居民对公立教育的需求，肯尼亚公立小学的不公平现象日益严峻。

我国关于教育均衡发展的研究主要从区域、城乡两个维度展开了广泛的研究。在区域教育均衡发展方面，主要分析了区域内城乡差距、区域内校际差距、区域内不同人群间差距。在区域内城乡义务教育均衡发展方面，张乐天（2004）主要从我国城乡二元经济结构视角，分析区域内城乡教育的公平性问题，认为在教育起点方面，城市学校、城镇学校和农村学校之间的差距较为明显，其中农村义务教育有显著的"两低一高"特点，即低入学率、低升学率、高辍学率。鲍传友（2005）认为教育经费投入的不均衡，如生均预算内教育经费、生均预算内公用经费、生均教育经费等方面，间接地导致了区域城乡间在师资力量（如学历、专业素养、综合素质等）方面存在明显的差异。张绍荣、朱德全（2015）认为城乡教育失衡最为严重的现象表现在受教育城乡学生在学业成绩和自我发展方面存在的显著差距，而这些与在校城乡学生所能获取的非均衡教育资源紧密相关，即教育起点非公平和过程的非公平直接导致了结果的非公平。朱德全等（2017）从区域城乡教育失衡的表现来看，主要集中在办学条件、师资力量、经费投入、教育质量、课程设置、学校管理、教学理念等方面。在区域内校际间义务教育均衡发展方面，李妤（2016）从不同学校的历史文化背景、学校管理水平、对少数优质学校的政策倾斜等方面分析了区域内校际间在师资水平、教育资金、教学设备、校舍基础设施等存在的"马太效应"，即学校优而更优、学校劣而更劣。在区域内不同群体间义务教育均衡发展方面，徐晓新、张秀兰（2016）从经济因素、制度因素等方面分析区域内弱势群体的受教育状况，发现贫困家庭子女、进城务工子女的受教育状况与城市居民子女、家庭条件好的子女的受教育状况存在明显的差距。在城乡教育均衡发展方面，国内学者主要根据义务教育均衡的内涵及本质属性分别从可及性、资源配置、教育质量等方面对我国城乡义务教育均衡发展情况进行研究。在可及性方面的研究，石绍宾（2008）考察城乡义务教育的融资制度、适龄儿童的入学率指标、文盲率指标、办学条件指标的二元特征，对城乡基础教育的非均衡状况进行分析。王谦（2009）认为我国城乡义务教育在可及性方面存在的差距突出表现在我国农业和非农业人口中小学及以下文化程度的人群的占比存在的差异性。在资源配置方面的研究，陈丰（2014）通过城乡义务教育在教育经费投入、学校设施、校舍、危房、师资力量等方面的衡量指标衡量城乡义务教育的非均衡发展状况。在教育质量方面的研究，黄少安、姜树广（2013）利用城乡基础教育生均经费的财政投入指标和教师学历结构的教育质量指标对2005年"公共服务均等化"政策实施以来中国城乡基础教育的均等化水平进行了实证考察，结果发现虽然城乡基础教育的财政投入差距不断缩小，但是教育质量的差距仍然比较明显。

1.2.3　关于教育资源配置评价指标体系的研究

由于教育资源无论是在数量还是在质量方面相对于整个社会对该资源的需求均是有限的，因此教育经济学中核心的问题就是要解决教育资源如何分配的问题。其主要涉及教育资源的提供、教育资源的配置对象、教育资源配置的原则和标准、教育资源配置的方式等四个方面的问题。

国外教育发展状况评价指标体系中最具权威性的是经济合作组织（Organization for Economic Cooperation and Development，OECD）教育发展指标体系。该指标体系采取背景—输入—过程—成果（Context – Input – Process – Product，CIPP）分析模型，构建了受教育者的社会经济背景指标、教育财政投入与人才资源指标、受教育机会及深造指标、学校校园环境与管理指标、教育的社会劳动力产出指标、学生学业成绩指标、教育机构最终的毕业生质量指标等七类41个指标,对教育人口、社会经济环境、教育财政投入、教育人力资本投入、教育机会、学生学习成绩进步、高中及高等教育毕业生、学校学习环境、学校机构设置以及投入—产出的教育全过程进行全面系统的分析。联合国教科文组织主要从教育供给、教育需求、入学和参与、教育内部效率、教育产出等建立了关于义务教育公平发展的评价指标。世界银行在《世界发展报告》中主要从义务教育的效率和性别差异层面建立了教育投入、教育效率、教育成果、性别与教育、受教育机会5个评价指标。

国内学者在教育资源配置原则及评价方面所遵循的原则更多地源于罗尔斯的自由、差异、机会公平原则(如表1-1所示)。

表1-1 罗尔斯的公平原则

原则	内涵	政府行为	公平类型	资源配置
自由原则	每个人都应有平等的权利,拥有最广泛的平等基本自由体系	价值中立	横向公平	平均分配
差异原则	不平等原则:在于正义的存储	弱势补偿	纵向公平	补贴弱势群体
机会公平原则	在公平的平等机会条件下,职位与工作向所有人开放	价值中立	机会公平	平均分配

资料来源:约翰·罗尔斯. 罗尔斯著作集:正义论 [M]. 何怀宏、何包钢、廖申白译,中国社会科学出版社,2009:20-23.

杨东平(2003)认为,随着我国的经济发展和社会转型,城乡间、地区间、阶层间的差距不断扩大,严重影响教育公平,在教育资源配置方面不能简单地套用"效率优先、兼顾公平",而应将"社会主义教育的公平与公正性原则"作为教育资源配置评价的重要指导性原则,并且基于对教育公平内涵的认识,建立生均受教育年限、入学率等教育公平评价指标,探讨不同教育阶段的公平评价指标体系。彭泽平(2003)认为教育资源配置应体现教育公平原则，即保障每个社会成员的受教育权利，保障每个受教育者享有大致均等的教育机会，保证每个接受义务教育的社会成员还能公平享有后续的教育机会，对弱势群体或个人坚持"利益补偿"等原则。同时彭泽平还指出教育资源的配置还需辩证认识公平与效率两者的相辅相成、辩证统一的关系，因此在教育资源配置指标方面应统筹兼顾公平与效率的原则。袁振国（2005a，2005b）指出作为社会差距的一个重要方面，教育差距已经成为我国社会和谐建设中最突出的矛盾之一，突出表现在城乡、地区、阶层、类别方面差距的持续拉大，并且分别建立经济发展指标（人均消费水平）、教育投入指标（人均教育支出、人均财政支出、生均内预算内教育支出）比较分析东部与西部在城乡经济差距、城乡教育差距方面的状况。翟博（2008）分别从宏观层面、中观层面、微观层面分析教育的供需均衡、资源配置的均衡、教育过程、结果及评价的均衡，分别建立了教育机会均衡指数、教育资源配置均衡指数、教育质量均衡指数、教育成就均衡指数，同时在教育均衡的子领域内建立了区域教育均衡指数、城乡教育均衡指数、学校教育均衡指数、群体教育均衡指数。沈有禄、谯欣怡（2009）基于公平视角，认为基础教育资源配置应遵循水平公平原则、纵向公平原则、充足性原则、机会均等原则、财政中立原则，并充分考察不同群体间的差异、个体间的差异与在基础教育过程中处于明显劣势的个体与群体，最终建立了基础教育资源配置均衡测度的指标体系（如表1-2所示）。

　　薛二虎（2013）认为在建立区域内义务教育均衡发展指标体系时应遵循简约、量化、可操作性原则，充分考虑我国区域差异与义务教育发展的实际情况，并结合宏观视野与地方特色，形成在特定时期内为实现教育均衡发展目标的富有地方特色的区域内义务教育均衡发展指标体系。同时，在完善区县内义务教育均衡发展指标体系的基础上，采取自下而上的方式，形成省域内义务教育均衡发展指标体系，最终形成国家区域性义务教育均衡发展指标体系。其区域内义务教育均衡发展指标体系主要分为两大类：一是义务教育资源均衡配置指标；二是义务教育质量均衡发展指标（如表1-3所示）。

表1-2　　　基础教育资源配置均衡测度指标体系基本框架

一级指标	二级指标	三级指标
人力资源	师资资源	学生/教师比
		教师构成
		教师质量
		教师收入
		教师继续教育
	学生	毛入学率
		巩固率
		辍学率
		升学率
财力资源	公共教育投入	公共教育投入占GDP的比例
	生均教育经费	各类教育经费占比
	弱势群体的生均经费	弱势群体经费占比
物力资源	固定资金总值	生均固定资金总值
	校舍建筑面积	生均校舍建筑面积
	体育运动场所面积	生均体育运动场所面积
	学校占地面积	生均学校占地面积
	图书册数	生均图书册数
	计算机台数	生均计算机台数
	实验设备器材达标率	生均实验设备器材达标率
资源配置制度	人们对制度的总体公平性的感知	
	教育资源收入及分配制度的公平性测度	
	教师资源构成及配置相关政策的公平性	

表 1 – 3　　　　　　区域内义务教育均衡发展指标体系

一级指标	二级指标	三级指标
义务教育资源配置均衡指标	教育经费	生均教育经费、生均专项经费支出、师均工资性支出、师均培训经费等
	教育设施	生均建筑面积、生均教育教学设施设备值、生均信息技术设备值、生均卫生健康设备值、生均体育设施设备值、学校网络建设等
	教师队伍	班师比、专任教师合格率、学校教育专业对口率、学校教师中区级骨干和学校带头人数、学校教师中高级骨干和学科带头人数等
义务教育质量均衡发展指标	学校管理	为学生每周平均在校学习活动小时数、学校他评合格课比例、学校他评优秀课比例、家校交流机制建设等
	教育效果	学生体质健康达标率、学生学业水平测试合格率、学段巩固率、学生就近入学率、学生家长满意度、学生犯罪率

1.2.4　关于教育均衡发展测度的研究

在建立教育均衡发展评价指标体系的基础上，国内外学者对教育均衡发展水平的测度主要采取单项指标和综合指标进行实现考察。其中，单项指标测度主要借鉴教育财政对横向公平和纵向公平的统计、测度方法；综合指标测度主要基于评价测评模型对均衡的整体情况进行研究。

教育财政关于区域间教育资源横向公平的测量一般假设区域间的教育成本及其影响因素大致相同，因此公平的教育财政应为所有区域提供相等的教育资源。在横向公平的统计、测量方法方面，主要运用极差、限制性极差、方差或标准差、平均差、变异系数、McLoone 指数、Verstegen 指数、基尼系数等对区域间教育资源配置状况进行统计与测量分析（如表 1 – 4 所示）。

表 1 - 4　　　　　　　　横向公平的统计与测量方法

方法	内容
极差	区域间生均经费最高和最低之差
限制性极差	区域间生均经费特定分位数之差
方差或标准差	各区域生均经费与均值的平均差异
平均差	各区域生均经费与其算术平均数的离差绝对值的算术平均数
变异系数	各区域生均经费标准差与其均值之比
McLoone 指数	生均经费处于中位数以下的教育总投入与其全部中位数水平时教育投入量之比
Verstegen 指数	生均经费高于中位数的教育总投入与其全部中位数水平时教育投入量之比
基尼系数	生均经费实际分布与生均经费均匀分布的关系

姚继军（2009）在揭示中华人民共和国成立以来教育平等状况的演变时，采用世界银行的教育基尼系数计算方法，测算 1949～2006 年中国教育基尼系数。从总体来看，中国教育改变了过去的"极端不平等"教育状态，已经呈"比较平等"状态。其中，中国教育基尼系数一直呈大幅度下降的趋势，从 0.9016 下降到 0.2374。但是，中国城乡间、地区间、校际间、阶层间的教育差距仍然较为明显；并且与教育发达的国家相比，我国的教育基尼系数仍然较高。同时，中国教育不平等状况的改善主要源于教育规模的扩张，缺乏源于教育质量提升的动力。姚继军、张新平（2010）在阐述教育均衡发展的概念及内涵的基础上，构建了关于教育经费配置总量均衡与结构均衡的指标体系，采用变异系数法计算 1949～2006 年地区教育规模差异与结构均衡差异。其研究表明，1949 年以来中国教育均衡发展状况无论是在规模扩张还是在增长方式方面均出现不同程度的改善，其中教育均衡发展指数的绝对值从 4.270 增加到 7.934。孙百才、刘云鹏（2014）根据 2002～2012 年中国区域受各级教育程度人口的分布数据，采用人口教育基尼系数法，对中国不

同区域、性别人口的教育基尼系数进行动态分解并探讨其变化趋势，发现从整体来看中国教育取得了快速发展，教育公平程度不断提高，但地区间教育发展差距仍然广泛存在，其中中国北部地区教育发展水平较高，而南部地区较低；性别间的教育发展差异呈不断下降的趋势，但性别间的不公平贡献率仍然偏高。李欢等（2017）在考察我国近十年来特殊教育均衡发展状况时，遵循"弱转移、强转移、尺度无关、样本规模无关、加和可分解性"等公理，选择广义熵指数对历年特殊教育均衡发展水平进行动态分解，实证分析区域内、区域间不同教育资源分配的差距。

　　教育配置的纵向公平主要围绕生均教育资源与纵向公平要素之间相互联系进行统计与测度。具体度量方法有三种：一是根据纵向公平原则调整不同区域、不同群体等生均教育资源的差异进行统计描述；二是建立不同区域、不同群体等的生均教育资源与纵向公平要素的弹性系数及其他相关系数关系；三是比较分析不同组别生均教育资源的比率（如表1-5所示）。

表1-5　　　　　　　　横向公平的统计与测量方法

方法	内容
加权离散度	根据纵向公平要素反响设置权重，计算观察值的标准离散度
比率分析	计算两组区域生均教育支出比率
相关系数	生均教育经费与纵向公平要素的线性关系
回归斜率	纵向公平要素单位变化引起区域生均教育经费的变化量
弹性	纵向公平要素变动1%时所引起区域生均教育经费变动的百分比

　　教育均衡的综合测评方法运用上，国内学者罗哲（2014）认为，对基础教育均衡状况采取传统定性分析与定量分析相结合的方法运用只重结果不重过程，欠缺教育服务顶层设计，应借用平衡计分卡管理工具，建立新平衡计分卡模型以衡量教育服务均等化水平

和教育服务部门的绩效行为。其中新平衡计分卡模型的运行模式主要为财务（教育投入）—客户（每个层次除主体外所有客体）—内部流程（均等化过程中的绩效与服务提供）—学习与成长（受教育者的成长与各类结果指标）。熊筱燕、徐耀缤（2015）在界定义务教育均衡发展概念的基础上，提出了关于教育机会均衡、教育资源配置均衡、教育质量均衡的义务教育发展均衡性概念模型，并从教育普及巩固与机会均等、学校办学条件、师资配置与水平、学生素质教育、教育管理与经费保障等方面构建了义务教育均衡发展程度测量的指标体系，采用 MEM - GAHP 方法对 A 省 B 县 2014 年义务教育均衡发展水平进行了分析，结果表明，该地区普及巩固与机会均等、学校办学条件、学生素质教育水平、教育管理与经费保障的均衡性较高，而师资配置与教师素质的均衡程度较低。赵昊东、赵景涛（2016）基于"初始状态"公平正义、社会分配公平正义两个维度和基础制度、初次分配与再分配三个层次，构建了社会公平正义综合指数，采用德尔菲专家法确定了各个指标与权重及 AHP 层次分析法构建指标，比较研究了全球 70 个国家的公平正义程度。

1.2.5 关于教育均衡发展的影响因素及对策的研究

国内学者刘精明（2000）基于 Blau - Duncan 地位建立了一个影响教育获得的先赋因素微观方程，并从教育发展、现代化宏观层面设立了关于影响教育差异的宏观解释方程，认为教育扩张与现代化存在相互促进的关系，一方面随着现代化建设的需求，教育需求量进一步扩大，全民教育文化素质亦不断提高，而现代化通过促进教育扩张，增加了社会家庭经济环境较差的子女受教育的机会，有利于缩小教育不可得性方面的差距；另一方面现代化伴随着社会分化，并且通过职业分化使不同阶层之间的社会地位差异固化。刘精明（2008）还从微观层面分析了个人教育投资决策的家庭背景对教育机会不平等的影响，认为家庭背景的差异将会产生代际效应而进一步扩大下一代的教育差距，如家庭所处阶层及其收入、父母学历、户籍状态等。张炜、时腾飞（2009）重点考察了1996～2006年中国教育发展的公平状况，通过对我国各省（市区）各级教育支出基尼系数的测算与比较分析，发现非公平的区域教育支出进一步恶化了区域教育非均衡发展的困境，提出应进一步增强地方政府的教育经费投入，保障生均教育支出满足受教育群体的需求，加大对中西部落后省份的转移支付力度，有效监督地方政府教育经费的投入使用等。孙继红、杨晓江（2009）通过教育基尼系数及其分解对我国1982～2007年各区域教育公平及其影响因素的测算发现，从整体来看我国教育不平等状况呈逐年改善的趋势，但是东西部省份教育成就分布差距仍然较为显著，并且进一步通过教育基尼系数的分解结果判断造成地区间教育成就不平等的首要因素是区域发展水平的差异，认为在制定未来教育政策时应加大对西部落后省份的倾斜，切实改善其财政投入、师资力量及各级生均教育资源配置水平；继续扩大广大农村地区儿童的受教育机会，降低失学率与辍学率等。

国外学者 A·凯斯，D·卢博茨基和 C·帕克森（A. Case，D. Lubotsky & C. Paxson，2002）主要集中分析家庭收入和父母学历状态对子代教育差距的影响，认为家庭经济状况较好的子女可以拥有更多、更好的教育资源，并且其优势会不断累积，使其在成年后在劳动力市场拥有更高水平的人力资本，从而获得相对更高的收入；而低收入家庭将通过累积效应进一步恶化使其子女拥有的教育数量与质量，并且通过不断累积的劣势使其子女成年阶段的人力资本水平不断下降，从而获得相对较低的收入。J·R·贝尔曼和 M·R·罗森茨魏希（J. R. Behrman & M. R. Rosenzweig，2002）认为除了初始禀赋会影响受教育人群的教育成就，与生俱来的某些基因和能力上的差异亦会影响不同家庭、不同阶层等子女的教育成就。因为可遗传的禀赋和家庭背景会决定父母对子代子女教育的态度、子代子女教育的受重视程度等，将决定子代子女所需的教育投入数量与质量，以及接受教育的学习能力。E·A·汉纳谢克（E. A. Hanushek，2006）利用多国截面数据，研究教育分流制度对不同类别教育不平等的影响，发现过早的教育分流制度会进一步导致家庭背景不平等所带来的更加严峻的教育不平等现象。因为教育存在分流，学生主要受家庭背景的影响决定其对普通教育与职业教育的选择。一般来说，家境富裕和受过良好教育的父母的家庭，其子代子女更易选择普通教育，使其享有更多的教育机会，而家境困难和较少受过良好教育父母的家庭则很可能使其子代子女享有的教育机会更少。A·霍尔姆等（A. Holm et al.，2013）利用丹麦的数据检验高中阶段的教育分流制度对教育不平等的影响，实证结果表明，从整体而言，教育分流制度的职业教育一定程度上增加了教育机制的公平，因为职业教育使原来处于弱势家庭背景的学生可以接受高等教育，但是这类高等教育水平较低；而就个体而言，职业教育与学术教育的分流则降低了家境困难背景的学生接受更高水平高等教育的可能性。因此总的来说，这种分流制度并没有有效降低整体社会教育的不公平现象。

1.3　研究思路、内容与方法

1.3.1　研究思路

本书通过重新梳理国内外相关研究资料，基于公共产品理论、教育公平理论、城乡一体化理论等理论基石，构建城镇化与城乡基础教育的理论分析框架，全面分析两者的动态演进过程，考察城镇化与城乡基础教育的动态发展过程及其两者的相互影响关系，探寻城镇化进程中城乡基础教育非均衡的具体表现，建立城镇化背景下城乡基础教育发展的 Panel Data 模型，计量分析城镇化背景下城乡基础教育的人力资本效应、收入分配效应和经济增长效应，探究城乡基础教育非均衡的影响因素，并结合相关个案分析和国内外的实践探索，提出了推动城镇化进程中城乡基础教育均衡发展的政策建议。

1.3.2　研究内容

本书基于城镇化进程中城乡基础教育均衡发展的基础理论，重点考察城镇化与城乡基础教育之间相互影响的逻辑关系，构建城镇化与城乡基础教育均衡发展的理论分析框架，系统描述城镇化与城乡基础教育均衡发展的历史和现状，计量分析城镇化背景下城乡基础教育非均衡发展的效应，深入分析影响城乡基础教育非均衡发展的原因，并借鉴国内外实践经验提出了相应对策。具体的研究内容如下：

第 1 章导论部分主要阐述选题的背景和意义；国内外关于教育均衡、教育均衡发展、教育资源配置等相关研究综述；本书研究思路、研究内容与研究方法及写作过程中可能的创新点、难点和重点。

第 2 章主要从公共产品理论、政府职能理论、教育公平理论、人力资本理论、城乡一体化理论等分析城镇化进程中城乡基础教育均衡发展的基础理论，为本书后继的研究奠定深厚的理论基石。

第 3 章主要探讨城镇化进程中城乡基础教育非均衡发展的现状，

首先，分析城镇化与城乡基础教育的动态发展过程；其次，提示城镇化与城乡基础教育的相互影响关系，建立两者关系的理论分析模型；最后，基于两者的理论分析框架，分析城镇化过程中城乡基础教育非均衡的具体表现，如城乡基础教育师资、城乡基础教育办公条件、城乡基础教育的基础设施等。

第4章分别构建城镇化背景下城乡基础教育非均衡分别影响人力资本、收入分配、经济增长的理论模型，并利用 2005 ~ 2014 年中国省际面板数据，分别建立城镇化进程中城乡基础教育与人力资本、收入分配、经济增长的计量经济模型，实证考察其人力资本效应、收入分配效应和经济增长效应。

第5~9章主要研究城镇化进程中城乡基础教育非均衡的经济性因素、制度性因素、政策性因素；对城镇化进程中城乡基础教育均衡的个案深入分析；研究国内外关于教育化进程中基础教育统筹发展的主要经验做法及实践；从强化政府教育统筹责任、深入教育投入体制改革、健全教育资源协调机制等方面提出相应对策；梳理本书理论与实证分析的研究成果，展望我国新型城镇化建设中城乡基础教育均衡发展的相关研究。

1.3.3　研究方法

（1）文献研究法。本书通过查阅大量的相关文献资料，整理和梳理学界关于城镇化、城乡基础教育的研究成果，掌握国内外学者关相关研究的现状；通过历年的《中国统计年鉴》《中国教育经费统计年鉴》《中国教育统计年鉴》，查阅大量的相关的数据资料，为本书的深入分析奠定了基础。

（2）比较分析法。主要基于城镇化背景，比较分析城镇化进程中城乡基础教育的动态发展过程，深入探讨城镇化进程中城乡基础教育非均衡发展的历史、现状及存在的问题；比较分析国内外关于城乡基础教育统筹的经验做法，并结合我国城镇化发展的现实需要，提出了有中国特色的城乡基础教育均衡发展思路。

（3）实证分析法。基于中国省际面板数据，建立相关计量分析模型，借助 Eviews8.0 计量分析软件对 2005~2014 年城镇化进程中城乡基础教育均衡发展的相关数据进行处理，采用 Panel Data 模型分析法，对城镇化进程中城乡基础教育非均衡的效应进行计量分析；同时，实证考察城镇化与城乡基础教育的相互关系，以及国内外的实践经验。

1.4　研究的创新点与重难点

1.4.1　研究可能的创新点

（1）研究视角的创新。从城镇化的深入推进视角，研究城乡基础教育均衡发展对实现城镇化强基固本的重要作用，并将城镇化质量发展背景下的城乡基础教育均衡发展作为分析对象，具有一定程度上的视角创新。

（2）研究内容的创新。本书在较为全面、系统梳理国内外相关文献资料的基础上，从经济学、政治学、教育学等方面深入阐述城镇化背景下城乡基础教育均衡发展的基础理论，构建了城镇化与城乡基础教育均衡发展的理论分析框架，在此框架下深入地分析我国城乡基础教育均衡发展存在的具体问题及其非均衡对经济社会发展的效应，同时结合个案分析和国内外的实践探索；通过城乡基础教育均衡发展以实现城镇化以人为本的质量型发展。

（3）研究方法的创新。主要表现在实证方法方面的创新，本书基于城镇化背景下城乡基础教育均衡发展的基础理论，分析城镇化城乡基础教育均衡发展效用的作用机理，构建了不同的 Panel Data 模型，从人力资本效应、收入分配效应、经济增长效应等方面实证考察了城镇化背景下城乡基础教育非均衡发展的影响。

1.4.2　研究难点与研究重点

（1）研究难点。突出表现在对城乡基础教育均衡程度的测度。目前，学界对城镇化背景下城乡基础教育差异虽然有不同程度的认识，但对城乡基础教育的均衡发展还没有形成统一的认识，更多地是从理论上阐述城乡基础教育均衡发展的重要意义。另外，在指标设置及基础数据的处理方面往往由于历年统计年鉴口径发生变化而存在一定程度的困难。如何基于科学的指标设置原则，全面获得统一的、可测度的、可比较的指标数据，成为本课题研究的一大难点。

（2）研究重点。本书的重点内容是基于经济学、教育学、政治学关于城镇化与城乡基础教育均衡发展的基础理论构建城镇化与城乡基础教育均衡发展的理论分析框架，并基于此框架，分别建立相应的计量经济模型，同时结合中国省际城乡相应的数据，运用计量分析法实证考察城镇化背景下城乡基础教育非均衡的人力资本效应、收入分配效应、经济增长效应。

参 考 文 献

［1］ A. Case， D. Lubotsky & C. Paxson. Economic Status and Health in Childhood：The Origins of the Gradient ［J］. The American Economic

Review, 2002, 92 (5): 1308 – 1334.

[2] A. Holm, M. M. Jager, K. B. Karlson & D. Reimer. Incomplete Equalization: The Effect of Tracking in Secondary Education on Educational Inequality [J]. Social Science Research, 2013 (42): 1431 – 1442.

[3] Charles Lidoro and John Aluko Orodho. Teachers' Level of Adequacy and Their Effectiveness in Implementing Curriculum in Public Primary Schools in Kakamega South District, Kakamega County, Kenya [J]. Journal of Education and Practice, 2014.

[4] Cubberley E. P. School Funds and Their Apportionment [D]. Columbia University, 1905.

[5] E. A. Hanushek. Does Educational Tracking Affect Performance and Inequality? Difference – in – Differences Evidence across Countries [J]. Economic Journal, 2006 (116): 63 – 76.

[6] J. R. Behrman & M. R. Rosenzweig. Does Increasing Women's Schooling Raise the Schooling of the Next Generation [J]. The American Economic Review, 2002, 92 (1): 323 – 334.

[7] James W. Guthrie and Richard Rothstein. Enabling "Adequacy" to Achieve Reality: Translating Adequacy into State School Finance Distribution Arrangements [A]. Helen F. Ladd, Rosemary Chalk, and Janet S. Hansen Equity and Adequacy in Education Finance: Issuesand Perspectives [C]. Washington, D. C. : National Academy Press, 1999, 209 – 256.

[8] Raquil Fernandez and Richard Rogerson. The Determinants of Public Education Expenditures: Longer – Run Evidence from the States [J]. Journal of Education Finance, 2001, 27: 567 – 584.

[9] Robert Berne, Leanna Stiefel. Concepts of Equity and Their Re-

lationship to State School Finance Plans［J］. Journal of Education Finance, 1979, 5（2）: 109 – 132.

［10］Robert Berne, Leanna Stiefel. Measuring Equity at the School Level: The Finance Perspective［J］. Educational Evaluation and Policy Analysis, 1994, 16（4）: 405 – 421.

［11］Robert Berne, Leanna Stiefel. Measuring the Equity of School Finance Policies: A Conceptual and Empirical Analysis［J］. Policy Analysis, 1981, 7（1）: 47 – 69.

［12］鲍传友. 中国城乡义务教育差距的政策审视［J］. 北京师范大学学报（社会科学版）, 2005（3）: 16 – 24.

［13］陈丰. 我国城乡义务教育非均衡发展的原因及对策［J］. 齐鲁学刊, 2014（2）: 106 – 110.

［14］陈健. 县域义务教育均衡发展的督导新路［J］. 教育, 2017（35）: 23 – 24.

［15］冯佳娟. 哈尔滨市义务教育均衡发展评价研究［D］. 哈尔滨工程大学, 2010.

［16］冯娜. 甘肃省城乡中小学体育课程内容资源现状与合理配置研究［D］. 西安体育学院, 2013.

［17］龚锋, 卢洪友, 卢盛峰. 城乡义务教育服务非均衡问题研究——基于"投入—产出—受益"三维视角的实证分析［J］. 南方经济, 2010（10）: 35 – 48.

［18］黄少安, 姜树广. 城乡公共基础教育均等化了吗? ——对城乡基础教育财政支出和教育质量历史趋势的实证考察［J］. 社会科学战线, 2013（7）: 80 – 85.

［19］李欢等. 近十年中国特殊教育均衡发展实证分析——基于广义熵指数的测度与分解［J］. 教育学报, 2017（4）: 89 – 97.

［20］李凌, 卢洪友. 农村义务教育均等化转移支付规模研究:

基于财政需要的实证分析 [J]. 当代财经, 2008 (10): 30-35.

[21] 李妤. 我国义务教育阶段校际发展不均衡的成因及对策 [J]. 教学与管理, 2016 (21): 33-35.

[22] 刘精明. 教育不平等与教育扩张、现代化之关系初探 [J]. 浙江学刊, 2000 (4): 65-71.

[23] 刘精明. 中国基础教育领域中的机会不平等及其变化 [J]. 中国社会科学, 2008 (5): 101-116.

[24] 罗哲. 新平衡计分卡模型——一种测度基本公共教育服务均衡发展状况的新工具 [J]. 教育与教学研究, 2014 (7): 1-4.

[25] 马晓强. "科尔曼报告"述评——兼论对我国解决"上学难、上学贵"问题的启示 [J]. 教育研究, 2006 (6): 29-33.

[26] 倪红日, 张亮. 基本公共服务均等化与财政管理体制改革研究 [J]. 管理世界, 2012 (9): 7-18.

[27] 彭泽平. 对教育公平与效率关系的思考 [J]. 中国教育学刊, 2003 (5): 1-4.

[28] 曲圣坛. 聊城市义务教育均衡发展推进的调查研究 [D]. 南京师范大学, 2011.

[29] 石绍宾. 城乡基础教育均等化供给研究 [M]. 北京: 经济科学出版社, 2008: 66-71.

[30] 孙百才, 刘云鹏. 中国地区间与性别间的教育公平测度——基于人口受教育年限的基尼系数分析 [J]. 清华大学教育研究, 2014 (6): 87-95.

[31] 孙继红, 杨晓江. 我国教育公平发展状况及影响因素的实证分析 [J]. 全球教育展望, 2009 (9): 56-61.

[32] 孙袁华. 构建我国的高质量义务教育教育评价指标——一种国际化视野的归类比较与综合分析 [J]. 教育理论与实践, 2003 (8): 14-19.

[33] 王谦. 城乡公共服务均等化问题研究 [M]. 山东: 山东人民出版社, 2009: 160.

[34] 王善迈. 教育公平的分析框架和评价指标 [J]. 北京师范大学学报, 2008 (3): 80.

[35] 王振存. 文化视阈下城乡教育公平研究 [D]. 河南大学, 2011.

[36] 习近平. 决胜全面建成小康社会 夺取新时代中国特色社会主义伟大胜利——在中国共产党第十九次全国代表大会上的报告 [J]. 中国经济周刊, 2017 (42): 68 – 96.

[37] 熊筱燕. 中国义务教育发展均衡性测度 [J]. 统计与决策, 2015 (22): 55 – 58.

[38] 徐晓新, 张秀兰. 将家庭视角纳入公共政策——基于流动儿童义务教育政策演进的分析 [J]. 中国社会科学, 2016 (6): 151 – 169.

[39] 薛二虎. 区域内义务教育均衡发展指标体系的构建——当前我国深入推进义务教育均衡发展的政策评估指标 [J]. 北京师范大学学报 (社会科学版), 2013 (4): 21 – 32.

[40] 闫德明. 城乡义务教育经费投入一体化水平实证研究——以×省为例 [J]. 教育发展研究, 2015 (3): 16 – 21.

[41] 杨东平, 周金燕. 我国教育公平评价指标初探 [J]. 我国教育公平评价指标初探, 2003 (11): 30 – 33.

[42] 杨东平. 教育公平是一个独立的发展目标——辨析教育的公平与效率 [J]. 教育研究, 2004 (7): 26 – 31.

[43] 杨小微. 公平取向下义务教育发展的评价指标探究 [J]. 华中师范大学学报 (人文社会科学版), 2013 (4): 146 – 153.

[44] 姚继军, 张新平. 新中国教育均衡发展的测度 [J]. 华东师范大学学报 (教育科学版), 2010 (2): 33 – 42.

［45］姚继军．中国教育平等状况的演变——基于教育基尼系数的估算（1949～2006年）［J］．教育科学，2009（2）：14－17．

［46］袁振国．教育均衡发展：构建和谐社会的基础［J］．教育发展研究，2005（4）：7－13．

［47］袁振国．缩小差距——中国教育政策的重大命题［J］．北京师范大学学报（社会科学版），2005（3）：5－15．

［48］翟博．教育均衡论：中国基础教育均衡发展实证分析［M］．人民教育出版社，2008：40－45．

［49］张乐天．城乡教育差别的制度归因与缩小差别的政策建议［J］．南京师大学报（社会科学版），2004（3）：71－75．

［50］张绍荣，朱德全．区域义务教育均衡发展的政策设计与路径选择［J］．教育与经济，2015（1）：18－23．

［51］张炜，时腾飞．我国区域教育经费支出公平性的实证研究——省际各级教育支出基尼系数的测算与比较：1996－2006年［J］．中国高教研究，2009（7）：14－17．

［52］赵昊东，赵景涛．公平正义综合指数对国家审计的启示［J］．审计研究，2016（3）：71－76．

［53］朱德全，李鹏，宋乃庆．中国义务教育均衡发展报告——基于《教育规划纲要》第三方评估1的证据［J］．华东师范大学学报（教育科学版），2017（1）：63－77．

［54］朱家存．教育平等：科尔曼的研究及其给我们的启示［J］．外国教育研究，2003（12）：23－26．

2

城镇化进程中城乡基础教育
均衡发展的理论基础

城镇化背景探寻城乡基础教育的均衡发展涉及城镇化进程中公共产品供给的缺失与均衡发展问题、政府在解决城镇化进程中城乡基本公共服务失衡问题中应履行的职责问题、政府相应职能履行的目标问题及城镇化进程中城乡基础教育均衡发展的内涵及实现路径问题，本章将从公共产品理论、政府职能理论、教育公平理论、人力资本理论、城乡一体化理论等探寻城镇化进程中城乡基础教育均衡发展的理论基石，为后面章节的理论与实证分析奠定坚实的理论基础。

2.1 公共产品理论

公共产品理论最早产生于 20 世纪 80 年代，以威克塞尔、林达尔、马斯格雷夫等学者为主要代表人物，主要采用边际效用价值论分析、论证政府和财政在市场经济活动中的调节作用及公共产品的价格决定。其中，林达尔认为公共产品均衡价格的决定主要取决于市场经济中个体所愿意支付的公共产品价格总和与公共产品的供给成本，并不取决于强制性税收和政治选择机制。萨缪尔森在《公共支出的纯粹理论》中对公共产品进行了经典定义，即从非排他性视角认为公共产品是指个体消费某一公共产品并不会减少其他人对该公共产品的消费数量；其还在《公共支出理论的图式探讨》中探讨公共产品资源配置最优状态的特征。蒂鲍特在《一个地方支出的纯理论》一文中指出应根据公共产品的受益范围决定公共产品政府供给的责任。布坎南"俱乐部理论"首次讨论了非公共产品，使得公共产品的概念与内涵进一步延伸。根据公共经济学理论，划分公共产品与私人产品的标准主要有非排他性、非竞争性和效用的不可分割性。其中非竞争性主要指个人消费公共产品的边际生产成本和边际拥挤成本均为零，效用的不可分割性是指公共产品不能被分割买卖和消费。因此，可以看出公共产品是为满足全体社会成员的需要而提供的，任何社会成员均可以无差别地从公共产品的消费中受益。

在公共产品的供给方面，由于存在市场失灵，难以在公共产品的生产与提供方面达到帕累托最优的资源配置状态，使全体社会成员的公共利益无法实现最大化。例如，公共产品所具有的正向外部效应亦会带来市场提供公共产品的动力不足造成公共产品市场供给不足；公共产品由于消费的非排他性，部分社会成员无须支付任何代价即可以享用这种公共产品，会存在"免费搭车"的问题，导致公共产品的生产成本与收益的不一致，这对以利润最大化为目标的企业而言，其投资将会游离于公共产品领域之外，造成公共产品供给的不足。相对于市场供给公共产品的不足，政府可以凭借其政治权力，通过强制性税收为公共产品的供给提供充足的财政资金。因此，政府应成为公共产品供给的责任主体。另外，在公共产品的供给层次，应根据公共产品的受益范围将其划分为全国性公共产品和地方性公共产品。其中，全国性公共产品的受益范围遍及全国居民，其外部性较小；地方性公共产品的受益范围主要是地方政府辖区内的居民，但是并不完全与行政区划相同，其对相信区域可能产生正面或负面的影响。而为了公共产品的有效提供，需结合公共产品的受益范围明确各级政府职责，其中中央政府主要承担收入分配、经济稳定与发展等职责，地方政府主要承担辖区范围内的资源配置职能。

在义务教育的公共产品属性分析方面，同样适用三个判别标准：效用的不可分割性、消费的非竞争性、受益的非排他性。即首先判断义务教育产品的效用是否可以分割，其次判断义务教育产品的使用是否具有零边际消费成本和零边际拥挤成本，最后分析该义务教育产品在消费上是否不能排斥他人消费。借鉴其他学者的做法，本书将义务教育效用的不可分割性与受益的非排他性合为一个特征。

（1）非竞争性的义务教育消费。虽然从一个地区的义务教育消费来看，由于地方财力有限，地方义务教育的供给规模并不能无限扩大，超过一定数量的接受义务教育人数将会导致政府提供的义务教育成本不断增加，义务教育质量亦会有所下降，因此义务教育的消费亦具有竞争性。但是由于义务教育的两个特征使义务教育消费具有明显的非竞争性。一是义务教育具有强制性，即国家将义务教育作为一项公共事业，并通过法律和行政手段使义务教育阶段适龄儿童强制性接受公共教育。其中，国家无条件地承担义务教育的供给责任，并予以充足的财政资金保障适龄儿童的受教育权利，同时依《教育法》惩罚拒不履行义务教育的家庭和个人；对义务教育阶段的学校而言，应提供充足、优质的教育资源以更好地服务于适龄儿童的义务教育需求；对于家庭而言，其必须无条件地接受义务教育。正是由于义务教育所具有的强制性，义务教育的发展规模不断扩大，普及程度不断提高，为广大适龄儿童提供学习机会的能力不断增强，每个适龄儿童均可以无差别地享有接受义务教育的权利，因此义务教育具有明显的非竞争性和非排他性特征。二是免费的义务教育使义务教育消费具有非竞争性。根据 2015 年的《中华人民共和国义务教育法》规定，义务教育阶段对所有适龄儿童免收学杂费，同时建立义务教育经费保障机制，保证义务教育制度实施。因此，随着我国经济社会的发展与财政能力的不断增强，义务教育经费投入规模不断扩大，免费的义务教育将不会再因多增加义务教育受教育人数而增加学校和家庭额外的成本，义务教育消费越来越具有非竞争性。

（2）非排他的义务教育效益。效应的非排他性即外部效应、溢出效应等，是指从外部性的主体来看，一些生产或消费的主体对其他团体带来的收益或成本却没有得到相应的补偿或支付相应的成本。义务教育就家庭或个体而言，增加了知识才能、开拓了思维、提高了人力资本素质，有利于更好的职业发展和收入增加；但同时义务教育具有典型的外部性，因为对一国经济发展而言，义务教育所带来的更优人力资本是一国经济增长的最重要要素，提高了劳动者的生产效率，增进了一国社会财富。另外，义务教育的普及将直接影响人们的世界观和价值观，使其行为更加符合社会公德，降低了国家治理的成本，促进了经济社会和谐发展。基于以上分析，可以判断义务教育是一种纯公共产品。

2.2　政府职能理论

政府是国家权力的代表，是"由于主权者而存在的"，代表统治阶级管理社会和实行政治统治，具有典型的阶段性。政府不仅指正常运转的正式组织机构，拥有源于国家权力赋予的强制性权力，还要承担决策和管理公共事务的责任。随着国家不同的经济社会发展阶段，政府的职能也发生了相应的变化。

　　政府职能基本理论最早源于17世纪末的英国重商主义，其开始重视社会经济活动中政府的作用，提出政府在建立市场新秩序和开拓国际市场中的重要责任。18世纪古典经济时期，亚当·斯密、约翰·洛克等经济学家提出了政府"守夜人"的角色定位，即政府不能干预经济的正常秩序，只需为经济的正常运转提供必要的法律、法规和规章制度，即"小政府"理论。其中，让－雅克·卢梭认为作为主权者与臣民之间的中间体，国家主要负责法律的执行以实现社会治安的稳定及政治自由。约翰·洛克则认为政府存在的目的是保护人们的财产安全。20世纪30年代经济危机的爆发揭示了市场固有的弊端，存在着失灵的现象，需要政府干预市场经济，即"大政府"理论。凯恩斯指出市场在资源配置的马太效应、公共产品供给失效等诸多弊端，只有通过政府这只"有形的手"才能弥补市场失灵。70年代经济危机的再次爆发亦暴露出政府干预经济存在失灵，如政府对经济的过度干预进一步恶化了市场经济的正常秩序，因此主张将政府职能定位为维护市场正常秩序，放任市场作用的发挥。90年代以来，政府职能面临"公共行政合法性危机"，需要改革官僚政府，建立高效的政府组织，进一步明确了政府公共服务的职能。其中，国家干预主义政府职能理论认为政府应进一步扩大政府的职能，即主要通过合理运用财政政策、货币政策等宏观经济政策有效地调节生产与消费，完善国民收入分配与再分配格局，有效解决公共产品提供、市场垄断行为、消费与生产的外部性、信息不对称、收入分配格局扭曲等市场经济问题。自由主义政府职能理论认为，根据契约理论政府的职能有权力边界，即是人类社会通过与国家、政府缔结社会契约，让渡一部分权利以使自己和他人的生命、自由、财产等权利得到合理保障。因此，国家与政府在运用这些让渡的权力时在人类社会所赋予的权力范围内合理履行自己的职责，即政府的职能主要表现在三个方面：保卫国家的领土安全、维护社会治安、提供公共产品。在公共产品的供给责任方面，以自利为典型特征的市场不能实现有效供给，而必须依赖于国家与政府。

义务教育作为纯公共产品必须由政府履行公共产品的供给责任来提供。因为政府不仅要依法保障每一位适龄儿童享有平等的受教育机会，还必须保障义务教育过程公平与结果公平。具体来看，政府的义务教育职责表现在以下几个方面：首先，合理规划义务教育，实现义务教育均衡发展。政府作为义务教育供给的主体，应根据不同时期的义务教育发展需要，合理规划义务教育改革路径，同时督促相关教育部门展开相应的教育与教学改革，全面落实义务教育的顶层设计思路。其次，合理引导义务教育相关主体行为，实现义务教育发展规划目标。义务教育的相关行为主体主要有政府、教育部门、家长与学生，其基于不同的偏好会产生相异的行为。因此，政府必须从相关政策的制定方面入手，引导与规范教育部门、学生与家长的义务教育相关行为，从而实现义务教育总体发展目标。再次，政府应适度运用行政手段，合理干预义务教育的非均衡发展。如对"择校热"所带来的义务教育分化的社会问题，政府应制定合理的措施，有效解决义务教育资源在不同学校之间分配的问题。最后，政府应依照教育有关的法律、法规及部门规章，建立良好的义务教育均衡发展的秩序，实现义务教育有质量的发展。

2.3 教育公平理论

一直以来，人类社会都在追求教育公平，保障平等地享有教育的权利。孔子在《论语·卫灵公》阐述了"有教无类"的教育公平理念；古希腊著名的哲学家柏拉图在《理想国》一书中提出无论性别、种族、地域、家庭环境等，每一个人均应享有受教育的权利；

"自然主义教育之父"——亚里士多德强调应通过法律、执法校正教育领域的不公平现象，实现教育领域各类资源分配的公平正义。19世纪后期，美国、法国等一些西方国家将教育公平的思想付诸实践，开始实施初等义务教育。1948年，联合国的《世界人权宣言》指出，"不论经济条件，也不论父母的居住地，一切儿童都有受教育的权利。"1960年，联合国教科文组织进一步基于《世界人权宣言》对教育公平的要求，系统阐述了引发教育非公平的各种歧视极不公平的原因。这些均标志着教育公平已经成为世界教育改革浪潮中的重要研究主题，西方学界亦围绕教育公平展开了大量的实证研究。

1966年，美国学者科尔曼根据对美国4000所学校的公共教育情况的考察结果，提交了著名的《教育机会均等的观念》，即《科尔曼报告》。该报告主要调查不同种族在教育资源分配方面的不均等程度，结果发现影响学生教育结果公平（即学业成绩）的核心因素并不是学校的物质条件，而是学生的家庭环境，即家庭的贫困、家长的学识及其他社会环境因素，因此学校应帮助学生克服起点不公平所带来的结果不公平困境；学校的种族歧视直接造成了师资资源、校舍资源等方面的差距。因而科尔曼提出建立一个包容性的学校，所有学生无论其肤色、种族、家庭背景等都共处于相同的教育环境中，为今后"平权法案"奠定了基础。《科尔曼报告》还从五个方面界定了教育公平的内涵：教育投入的公平、相同能力的学生取得相同的学业成绩、不同条件的学生在获得弱势补偿后的学业成绩相同、种族歧视被取消、教育环境公平。科尔曼强调，教育公平的重心不再限于教育的起点公平，而应更多地转移到教育的结果公平。相应地，科尔曼提出了教育公平的标准：教育的机会公平、教育的结果公平、教育的起点公平。

瑞典教育家托尔斯顿·胡森（Torsten Husén）系统整理了教育

公平发展的理论与实践过程，指出教育公平观念基于社会哲学思想的发展历程经历了三个阶段：保守主义阶段的教育公平观念强调经济的合理性，认为上帝赋予每个人的能力不同，如何充分利用个人能力实现国家经济的发展才是最重要的，主张个人接受非公平的教育；自由主义阶段的教育公平理论强调，通过教育补偿政策实现教育公平，以消除阻碍有才能但出身低微的学生获得稳定能力、得到升迁性社会流动权利的经济或社会等因素；新概念阶段的教育公平理论承认个体存在差异，教育政策应倾向于处于不利地位的儿童，使其平等地享有受教育的机会，从而使每一个儿童的天赋得到充分发挥，取得均等的学业成绩。托尔斯顿·胡森（Torsten Husén）认为教育公平的含义主要包括起点公平、中介性阶段的公平、最终目标的公平。

美国学者克里斯托夫·詹克斯（Christopher Jencks）在《不平等：对美国家庭与学校教育影响的再评价》通过教育不公平的诸多表现形式归纳，概括出教育公平的内涵，即均等的教育资源、入学机会与课程选择机会。克里斯托夫·詹克斯（Christopher Jencks）通过对美国不同阶级、不同种族在受教育机会、学历状况、职业状况、收入状况等方面不公平的实证调查，发现家庭环境、先天遗传等学校外的因素是造成这些不公平的主要原因。其中，不公平的教育主要源于现代公共教育制度的官僚化，使学校无法根据学生的实际情况合理保障学生公平地享有受教育的权利。

2.4 人力资本理论

人力资本的思想最早可以追溯到古希腊时期，著名哲学家柏拉图在《理想国》中指出教育、个人能力、经济与政治之间的关系，认为教育能够促进个人能力的延伸，有利于全面治国。亚里士多德更多地从教育的经济作用探讨国家在教育方面的公共责任，但更多的人认为教育是一种消费品；法国重农主义认为"构成国家财富的是人"；古典经济学家亚当·斯密在《国富论》中提出了早期的人力资本概念，即个人通过后天所学到的非凡"技巧和智能"，创造了较高的"生产物"，应尊重拥有此种技能的人，并给予合理的报酬以补偿其所耗的劳动与时间。同时，亚当·斯密还指出人力资本效应具有外溢性，即通过教育所掌握的才能不仅"固定在学习者身上"，成为其财产的一部分，亦通过提高其熟练程度、节约劳动、节省机器增进其所在的社会财产。英国经济学家马歇尔指出知识是生产最有力的动力，构成了大部分的资本；人力资本的投资主要受家庭的经济条件和教育水平影响，产生代际效应；认为人力资本相对物质资本具有更强的经济发展推动作用，因此强调政府在教育投资的作用，以促进个人收入的增加和社会经济的增长。

现代人力资本理论（Human Capital Management，HCM）真正形成于20世纪60年代，以美国经济学家西奥多·W·舒尔茨、加里·S·贝克尔、雅各布·明塞、保罗·罗默、罗伯特·卢卡斯、赫克曼、科斯特、斯图尔特、埃德文森、加尔布霍恩等为代表。其中，人力资本之父西奥多·W·舒尔茨在经济增长的源泉分析时重点强调人力资本的积累与提升的关键性作用，认为经济增长的速度主要取决于人力资本水平的高低，而非土地类自然资源与物质资本的水平。加里·S·贝克尔在《人力资本》一书中基于微观经济学视角，建立了人力资本投资均衡模型，利用新古典经济学分析工具实证考察了人力资本投资成本与收益之间的关系；并且基于供求分析法，建立了人力资本与个人收入分配之间的关系模型。雅各布·明塞在《人力资本投资与个人收益分配》博士论文中构建了关于人力资本投资与收入分配关系的人力资本收益模型，并运用数学研究的方法实证考察了人力资本投资（培训量）与个人收入的内在关系。新经济增长理论代表人物保罗·罗默（Paul Romer）在《外部因素、收益递增和无限增长条件下的动态竞争均衡》博士论文中指出知识积累的溢出效应可以使技术成果产生显著的正外部经济效果，有效地避免传统经济下资本边际效益递减规律对经济增长的负面效应，强调专业化知识的不可替代性及其具有的内在经济效应，从而为一国经济增长提供了内在的解释。卢卡斯（Robert Lucas）在《论经济发展的机制》中结合索洛经济增长模型和舒尔茨的人力资本理论建立了内生经济增长模型，认为个人的人力资本水平影响整个社会生产效率，劳动力质量水平越高越能极大地推动一国经济的增长，人力资本积累与人力资本存量、部门经济产出水平正相关，因此人力资本积累是产业发展的源泉和国家经济持续增长的决定性因素。

现代人力资本的主要观点主要有：

（1）相较于物质资本，人力资本在经济增长中发挥着更加重要的作用。传统经济增长理论认为经济增长的源泉是物质资本，而现代人力资本理论通过实践考察认为经济增长的重要原因已不再是传统土地、劳动力数量、资本存量三要素，而是劳动力的劳动能力、知识、健康、技术水平等方面的提高。并且在经济增长的要素方面，人力资本直接决定物质资本的配置数量、质量等，其收益亦超过物质资本的收益水平。E·丹尼森还认为相对于物质资本具有的有限经济增长效应，人力资本通过教育投资带来持久的、不断提高的优质劳动力质量，可以持续地为经济增长提供强劲支撑。

（2）人力资本是个人收入分配的决定性因素。现代人力资本理论认为，在人力资本上投资可以提高劳动者的健康和技能水平，提高其生产能力；可以提高劳动者有效获取、正确解读有关信息，从而提高其行为决策的水平，增强其资源配置的能力；生产能力与资源配置能力的提高不断增强其在生产中的获利能力，从而使其在收入分配中处于有利的地位。

（3）教育投入是一项重要的人力资本投资。人力资本的形成主要通过教育投资、职业培训、医疗健康投资、信息投资等，其中教育投资不仅促进一国文化水平的提高，还可以增强劳动者的生产能力和管理水平，从而进一步增强一国国民收入。因此，教育不能仅仅视为消费行为，而是生产性行为。

2.5　城乡一体化理论

（1）关于城乡义务教育二元结构的研究。张玉林（2003）认为城市与农村属于一组相对的地域概念，其中城市是非农业生产人口常住的区域，相对于以农业生产为主的农村地区，具有相异的经济社会环境。王正惠（2015）认为还应从身份意义上对城市人口与农村人口的区域属性进行划分。在城乡教育结构方面，曲铁华（2017）指出城乡二元结构的形成具有特定的历史性因素，即新中国成立初期为改变贫穷落后的经济发展困境，采取了集中发展优势区域、行业的效率型国家发展战略，农村资源快速向城市集中，城市现代化、工业化水平迅速提高，形成了城乡二元经济，城市与农村的差距不断扩大。邬志辉（2012）指出随着城乡二元经济结构的形成，城乡义务教育的二元结构相应出现，国家实施了具有明显城市偏向的义务教育政策，义务教育资源向城市不断集中，农村地区的义务教育资源相对匮乏。闫德明（2015）基于城市偏向的义务教育财政政策视角，认为长期城市偏向的义务教育政策导致城乡义务教育财政投入亦具有明显的城市偏向，在公共政策的大力倾斜下，城市义务教育获得了快速发展，而农村义务教育发展则陷入了长久的停滞困境，城乡义务教育发展的差距持续拉大。在城乡义务教育二元结构的影响方面，褚宏启（2010）认为以城市为中心的义务教育发展战略使农村教育存在着经费不足、师资力量薄弱、教育质量低等问题，应打破城乡义务教育壁垒，实现城乡义务教育一体化，促进城乡义务教育公平、均衡地发展。

（2）关于城乡义务教育一体化内涵及实现路径的研究。张乐天（2011）从城乡教育一体化、均衡与统筹三者的关系指出，三者均是基于教育公平与谐调发展的要求缩小城乡义务教育差距，其中城乡义务教育一体化是城乡义务教育统筹发展到一定阶段的更优状态。李玲、宋乃庆（2012）根据教育发展阶段理论，将城乡教育一体划分为自发型阶段、政府干预型阶段、高度自主型阶段，三个阶段分别包含城乡教育机会均等、资源配置均等、高质量均等。在实现城乡义务教育一体化方面，邬志辉（2013）指出应构建城乡义务教育一体化的体制机制，如财政体制、管理体制、教育制度体系的一体化，户籍制度、财政制度、问责制度等教育外部体制机制改革，以及管理体制、运行机制、评价制度等教育内部体制机制改革；同时，还需要从公共服务型政府转型、社会公众广泛参与社会治理机制构建、传统城乡分割的观念转变等方面进一步寻求城乡义务教育二元结构的破解途径。

2.6　本章小结

基础教育从其公共产品的属性上来看，具有效用的不可分割性、消费的非竞争性、受益的非排他性，具有典型的纯公共产品特性。在城镇化进程中实现城乡基础教育的均衡发展亦是为了满足每一个人享有基础教育这类纯公共产品的公平，这种公平不仅仅是指城乡基础教育的起点公平，更蕴含城乡基础教育的机会公平、结果公平，城乡基础教育均衡发展的内涵具有多维度的教育公平含义。

城镇化进程中城乡经济社会结构的二元性特征使城乡基础教育出现一定程度的差别。政府作为国家权力的代表，应根据城乡一体化发展的要求，构建城乡基础教育一体化发展的体制机制，强化城乡基础教育均衡供给的责任，合理规划城乡一体化的基础教育改革路径，督促相关教育部门展开相应的教育与教学改革，全面落实基础教育的顶层设计思路；从相关政策的制定方面入手，合理引导基础教育相关主体行为，实现基础教育发展规划目标；适度运用行政手段，合理干预城镇化进程中城乡基础教育的非均衡发展。政府通过相应职能的履行，保障城乡每一位适龄儿童享有平等的受教育机会，实现城乡基础教育过程公平与结果公平。

政府在城镇化进程中实现城乡基础教育的均衡发展亦是为了满足人力资本水平不断提高的需要，城乡基础教育的均衡发展水平直接影响一国人力资本水平，对整个社会生产效率的提高发挥着显著的正向效应，在经济增长中发展着重要作用。

参 考 文 献

[1] [法] 卢梭. 社会契约论 [M]. 何兆武译，北京：商务印书馆，1980：80 - 90.

[2] [法] 让 - 雅克·卢梭. 社会契约论 [M]. 何兆武译，北京：商务印书馆，1980：76 - 87.

[3] [美] 西奥多·W·舒尔茨. 人力资本投资——教育和研究的作用 [M]. 蒋斌，张蘅译，北京：商务印书馆，1990：24 - 30.

[4] [美] 亚当·斯密. 国民财富的性质和原因的研究（上卷）[M]. 郭大力译，北京：商务印书馆，1988：42 - 50.

［5］［美］詹姆斯·M·布坎南．公共物品的需求与供给［M］．马珺译，上海：上海人民出版社，2017：63－78．

［6］［英］马歇尔．经济学原理（下卷）［M］．陈良璧译，北京：商务印书馆，1994：232－242．

［7］［英］约翰·洛克．政府论（下卷）［M］．叶启芳，瞿菊农译，北京：商务印书馆，1964：77－80．

［8］车卉淳，周学勤．加里·贝克尔的人力资本理论述评——微观基础的构建及其对发展中国家教育政策的经验分析［J］．外国经济学说与中国研究报告，2011（2）：55－59．

［9］陈蕙妃．江门市蓬江区义务教育均衡发展研究［D］．华南理工大学，2012．

［10］褚宏启．教育制度改革与城乡教育一体化——打破城乡教育二元结构的制度瓶颈［J］．教育研究，2010（10）：3－11．

［11］范从来．论城市建设举债的理论基础和方式——对南京市的实证分析［J］．南京社会科学，2002（S1）：273－282．

［12］方芳．明瑟尔人力资本理论［J］．教育与经济，2006（2）：16－18．

［13］洪永锋．广州市天河区义务教育均衡发展研究［D］．华南理工大学，2011．

［14］胡森．一位教育学家的学术生涯及其启示［EB/OL］．http://eblog.cersp.net/61529/764691/track.aspx/2006－11－26．

［15］黄襄宁．葫芦岛市义务教育不均衡发展问题与对策研究［D］．辽宁师范大学，2010．

［16］景跃军，刘晓红．基于卢卡斯溢出模型的我国人力资本对经济增长贡献率测算［J］．东南学术，2013（1）：105－112．

［17］李玲，宋乃庆等．城乡教育一体化：理论、指标与测算［J］．教育研究，2012（2）：42－44．

[18] 李晓菲．我国义务教育财政投入体制研究［D］．山东大学，2013．

[19] 刘香．公共财政视角下的甘肃省基础教育均等化问题研究［D］．兰州大学，2013．

[20] 莫琳·T·哈里楠．教育社会学手册［M］．上海：华东师范大学出版社，2004：35－40．

[21] 曲铁华．城乡义务教育一体化——理论基础与必然性［J］．河北师范大学学报（教育科学版），2017（3）：18－21．

[22] 王善迈．公共财政框架下公共教育财政制度研究［M］．北京：经济科学出版社，2012：66－74．

[23] 王正惠．城乡义务教育一体化发展研究综述［J］．上海教育科研，2015（9）：5－9．

[24] 王正惠．区域城乡义务教育一体化政策运行研究［D］．南京师范大学，2014．

[25] 翁文艳．教育公平与学校选择制度［M］．北京：北京师范大学出版社，2003：48－50．

[26] 邬志辉．当前我国城乡义务教育一体化发展的核心问题探讨［J］．教育发展研究，2012（17）：8－13．

[27] 邬志辉．城乡教育一体化的制度束缚与破解［J］．华南师范大学学报（社会科学版），2013（1）：29－32．

[28] 邬志辉．城镇化背景下我国义务教育发展面临的挑战与改革议题［C］．城乡教育一体化发展的国际经验与本土实践国际学术研讨会，2013年9月28－29日．

[29] 闫德明．城乡义务教育经费投入一体化水平实证研究——以×省为例［J］．教育发展研究，2015（3）：16－21．

[30] 杨孝如．初中教育的属性矛盾及其解析——基于属种关系分析［J］．教育发展研究，2013（22）：16－21．

[31] 尹静. 边干边学和人力资本内生化的内生经济增长模型 [J]. 世界经济文汇, 2003 (1): 30 - 43.

[32] 袁振国. 论中国教育政策的转变: 对我国重点中学平等与效益的个案研究 [M]. 广州: 广东教育出版社, 1999: 35 - 45.

[33] 张乐天. 城乡教育一体化: 目标分解与路径选择 [J]. 复旦教育论坛, 2011 (6): 65 - 67.

[34] 张玉林. 分级办学制度下的教育资源分配与城乡教育差距——关于教育机会均等问题的政治经济学探讨 [J]. 中国农村观察, 2003 (1): 10 - 22.

[35] 朱永坤, 曲铁华. "公平"的分类对我国义务教育公平问题解决的路径指引 [J]. 教育科学研究, 2008 (6): 3 - 6.

3

城镇化进程中城乡基础教育
非均衡发展的现状分析

伴随着城镇化进程，我国城乡基础教育也经历了不同的发展阶段。本章通过分析城镇化与城乡基础教育的发展历程，探索两者的相互影响关系，建立两者的理论分析框架，实证考察城镇化进程中城乡基础教育在师资力量、办学条件及教育资源差异的结构性特征。

3.1　城镇化与城乡基础教育的发展历程

城镇化（Urbanization）内涵的界定方面，早期埃尔德里奇（H. T. Eldrige）从人口城镇化的角度，认为城镇化是指农村人口不断地涌向城镇，城镇人口规模不断扩大，城镇经济快速发展，而如果农村人口停止向城镇流入，则城镇化规模不再扩大。《大英百科全书》不仅强调农村人口持续涌入导致城镇人口规模数量方面的增加，还从城镇数目增加的角度界定了城镇化的内涵。2000年的世界城市大会在对城镇化的内涵界定时，更深层次地提示了城镇化所蕴含的精神文化方面的变化，认为城镇化不仅反映农村人口空间位置的转移及向城镇的集聚、农村人口职业的转换，还反映了随着转移与集聚的过程人们生产与生活方式、精神文化、价值观念等方面的演变。另外，城镇化并不是农村向城镇单向的演变过程，还蕴含城镇与农村的双向互动，两者相互联系，相互影响。美国学者格雷戈里·顾尔丁（Gregogry Guldin）认为对城镇化的理解不应仅仅简单地将其视为城市人口规模的数量型扩张，而应从城镇与农村的互动联系的角度理解；我国学者胡必亮曾指出真正意义上的城市化应是区域内城乡经济社会的协调发展，具体表现为城镇与农村在现代化进程中均实现了升级、分化、重新组合，促进了经济社会产业结构的优化、生产方式与生活方式的转变、精神文化的变化等；黄学贤认为城镇化是农村与城镇地区在社会经济关系、生产与生活方式、价值观念思维方式等方面的双向转换过程；盛广耀指出城镇化指农村人口、空间地域、经济社会发展、精神文化等方面的转换，实现了农村人口城镇化、农业活动非农化、传统农村社会的现代城市化等。

基于城镇化内涵多样化的理解，进一步观察世界城镇化与中国城镇化发展的历程，并结合中国城镇化发展的历程，探索中国城镇化进程中城乡基础教育发展的状况。

3.1.1　世界城镇化发展历程

根据联合国资料统计显示，2030 年世界城镇化水平水平预计将从 1990 年的 13.6% 提高到 60%。其中 2025 年发达国家、发展中国家城镇化水平将分别达到 84%、57%。从世界城镇化的发展进程来看，发达国家与发展中国家的城镇化水平均得到不同水平提高。从世界范围来看，世界城镇化具有阶段化变化规律，经历了初期城镇化阶段、中期城镇化阶段与后期城镇化阶段。美国学者诺瑟姆

（Ray M. Northam，1979）根据城镇化拐点的划分（25%～30%、60%～70%），将城镇化划分为初期阶段、中期阶段、后期阶段。其中，在25%～30%拐点之前，城镇化处于萌芽与起步阶段；超过60%～70%拐点时，城镇化水平处于稳定发展阶段；在两次拐点中间时，城镇化处于加强发展阶段。诺瑟姆对城镇化水平的描述被学界称为揭示城镇化发展规律的曲线（亦称为诺瑟姆曲线）（如图3-1所示）。

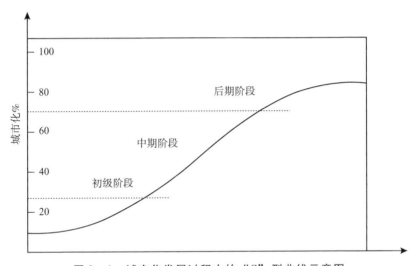

图3-1　城市化发展过程中的"S"型曲线示意图

从整体世界城镇化进程来看，城镇化经历了工业化革命前的早期萌芽与发展阶段、工业化时期的快速发展阶段、第二次世界大战后的加速提速发展阶段，城镇化已经在全球范围内形成了世界规模。其中，分别经历了发达国家主导的城镇化进程、发展中国家主导的城镇化进程。

（1）发达国家主导的城镇化进程。

美国的城镇化进程。美国的城镇化相对起步较晚，18世纪末城镇化水平仅为5%；20世纪50年代，凭借美元霸权主义及第二次世界大战期间积累的战争财富，美国经济社会发展迅速，并在该国范围内大力推行都市区化、大都市区经济，城镇化水平明显提高。美国城镇化发展极大地推动了美国产业结构转型，有力地促进了美国经济社会结构的转变，美国经济增长快速。但是20世纪50年代的美国城镇化具有蔓延式扩张的特点，美国城镇人口呈分散性特点，城镇人口的集聚程度低。分散性的城镇人口给美国经济社会发展带来了一系列问题，如生态资源的破坏、土地资源的浪费、能源的大量消耗等。为了有效地解决蔓延式城镇化存在的各种问题，美国政府在20世纪90年代提出了"精明增长"的城镇化发展理念，实现美国经济社会的协调发展。即在城镇化进程中提升土地资源的利用效率，实现土地资源的集约型发展；加大交通基础设施建设，为城镇化的发展奠定坚实的发展基础；构建多层次的城镇体系，满足城镇化进程中不同区域的经济发展需要。

英国的城镇化进程。英国是世界上第一个现代工业发展中心，是世界上最早出现工商业城镇的国家，在1851年成为全球首个实现城镇化的国家，同年城镇化水平高达50%。从英国城镇化推进的理念来看，英国城镇化建设的"理想城市"理念、"社会改革"理念、"花园城市"理论、"双向运动"理念使英国城镇化建设与管理水平大幅度提高；在城镇化的政策制定方面，英国政府改变了自由放任城镇化建设的政策，实施科学规划、合理统筹城镇化建设的政策，有效地引导了英国城镇化有序、平衡地发展；在城乡发展关系的处理方面，英国改变了城镇化初期对农业生产力破坏的做法，充分认识到农业在城镇化水平与质量提升方面的基础性作用，并通过相关法律法规保障农村生产，促进了城镇化进程中的城乡统筹发展；在城镇化建设方面，英国建立了农村工业发展模式，为英国城镇化的发展提供产业支撑。

（2）发展中国家主导的城镇化进程。

第二次世界大战后，绝大多数发展中国家亟须通过工业化、城镇化实现本国经济发展以摆脱贫穷落后的经济社会发展状况，发展中国家的城镇化发展驶入了"快车道"。据世界银行对发展中国家城镇化人口的预测，2020 年发展中国家的城镇化人口将从 1950 年的 2.75 亿迅速增加到 38.54 亿，其中城镇人口超过 1000 万的"超级城市"主要集中在拉丁美洲、亚洲和非洲的发展中国家。针对发展中国家城镇化规模扩张所引发的经济社会发展问题，联合国在《2016 年世界城市状况报告》中指出，发展中国家城市人口的激增将会对城镇化带来一系列严峻的挑战，如城镇土地资源紧缺、能源供应与交通的环境污染等。

总体来看，发展中国家的城镇化进程呈现出以下几方面特点：

一是起步晚、发展水平较低。发展中国家的城镇化基本上始于第二次世界大战结束之后，起步相对于西方发达国家较晚。同时，发展中国家的人口增长率普遍较高，而其经济发展水平又较低，直接导致发展中国家的城镇化低水平发展。

二是存在"过度城镇化"问题。即"虚假城镇化"，指城镇化仅仅是人口的城镇化，而缺乏与城镇化发展相匹配的工业化与现代化发展，如拉丁美洲地区的"过度城镇化"。缺乏工业化与现代化支撑的城镇化，使发展中国家的经济社会发展出现较为严重的问题，如失业率居高不下、收入分配的两极分化、基本公共产品与服务的缺失等，从而使发展中国家陷入"中等收入陷阱"。

3.1.2 中国城镇化发展历程

我国城市学家方创琳等（2008）在认同城市化进程遵循"S"型曲线的总体演进规律的前提下，将"S"型曲线划分为四大阶段，即城市化初期阶段（城市化水平在1%～30%，为起步阶段），城市化中期阶段（城市化水平在30%～60%，为成长阶段），城市化后期阶段（城市化水平在60%～80%，为成熟阶段），城市化末期阶段（城市化水平在80%以上，为最终阶段）。此外，王小鲁（2000）等在对城市化阶段的划分中侧重城市空间本身的扩张，将城市化划分为四个阶段：早期城市化、郊区城市化、逆城市化和再城市化。

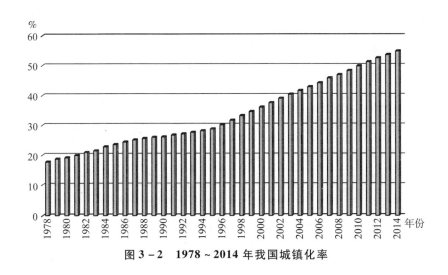

图 3 - 2　1978～2014 年我国城镇化率

新中国成立初期，在西方国家经济封锁和政治孤立的严峻背景下，出于国防安全方面考虑，中国选择了重工业优先发展战略。在重工业发展过程中城市被定位为生产而非消费，导致城市作为市场中心和服务中心的功能失灵。为缓解重工业发展战略下城市就业压力和维持社会稳定，从 20 世纪 50 年代起国家颁布了以户籍制度为代表的一系列政策和法规，将城市人口和农村人口分割开来，禁止城乡之间生产要素的自由流动，形成了典型的城乡二元结构，严重阻碍了我国的城镇化进程，致使城镇化进程缓慢甚至一度出现停滞,城镇化进程在总体上呈缓慢的波浪状发展状态。改革开放以来,我国城镇化进程可划分为四个阶段:快速发展阶段、稳步发展阶段、高速发展阶段、较快发展阶段。

(1)快速发展阶段(1979~1987年)。1979~1987年为我国城镇化快速发展阶段,城镇人口从17245万增加到27674万,城镇化率从17.92%增加到25.32%,城镇化率年均增长达到0.78个百分点,农村和城镇改革为其主要驱动力。党的十一届三中全会拉开了我国改革开放的大幕,全党全国的工作重点开始转移到社会主义现代化建设方面,农村和城镇化的发展得到更多的关注。基于农村率先改革的实践及大城市基础设施薄弱和承载能力有限的现实,我国改革开放后的城镇化以发展小城镇为开端。1978年召开的第三次全国城市会议提出了"控制大城市规模,多搞小城镇"的发展方针,1980年国务院进一步提出"控制大城市规模,合理发展中等城市,积极发展小城市"的城镇化发展方向(李秉仁,2008)。随着农村经济体制改革的不断推进,农业生产率水平不断提高,非农产业的迅速发展,农村剩余劳动力的转移意愿不断增强,城乡二元户籍制度的藩篱开始动摇。1984年国务院发布《关于农民进入集镇落户问题的通知》,明确提出凡是在集镇有固定住所、有经营能力或在乡镇企业长期务工的农民及其家属,可按规定统计为非农业户口。同年,国家试行新的市镇建制标准,规定县级地方政府所在地及乡政府驻地非农业人口超过两千人,或全乡总人口超过两万人,乡政府驻地非农业人口占比超过10%的都可实行撤乡建镇,实行镇管村的体制(方创琳,2009),有力地促进了我国小城镇的发展,这一阶段建制镇数量从0.21万个增加到1.11万个。

(2)稳步发展阶段(1988~1995年)。1988~1995年为我国城镇化稳定发展时期,城镇人口由2.86亿人增加到3.52亿人,城镇化率从25.81%增加到29.04%,城镇化率年均增长达到0.47个百分点，城镇化稳定发展的动力主要来自市场经济体制改革。此阶段经历我国"七五""八五"建设时期，"七五"建设时期提出"严格控制大城市规模，合理发展中等城市和小城市"的发展战略方针（丁守海，2008）。国务院于1992年再次修订了小城镇建制标准，促进了小城镇的进一步发展。1993年全国村镇建设工作会议确定了以小城镇建设为重点的村镇建设方针与目标，并颁发了《关于加强小城镇建设的若干意见》。1995年，根据《小城镇综合改革试点指导意见》，在全国选取了57个镇作为综合改革试点。1988 ~ 1995年，我国建制镇数量从1.14万个增加到1.75万个，这一阶段城镇化率提高速度相比快速发展阶段（1979 ~ 1987年）有所放缓，降低约为0.31个百分比。

（3）高速发展阶段（1996 ~ 2006年）。1996 ~ 2006年是我国城镇化高速发展阶段，城镇人口从3.73亿人增加到5.83亿人，城镇化率从30.48%增加到44.34%，城镇化率年均增长达到1.4个百分点，这一阶段的城镇化发展与我国整体经济实力迅速提升密切相关。1997年，国务院进一步强调应适时改革户籍管理制度，允许为在小城镇居住和就业并符合一定条件的农村人口办理城镇常住户口，促进农村剩余劳动力就近有序转移。之后，许多小城市的户籍限制也逐步放松。1998年，国家将发展小城镇作为驱动农村和社会发展的一个大战略来抓，进一步提升了发展小城镇的重要地位。2000年，中共中央、国务院颁发了《关于促进小城镇健康发展的若干意见》，指出我国已经具备了加快城镇化发展的条件，应紧抓机遇，引导小城镇健康持续发展（方创琳，2014）。"十五"计划提出要"不失时机地实施城镇化战略"，十六大首次提出中国特色城镇化道路，标志着中国城镇化发展进入一个新的阶段。在此阶段，城镇化率年增长高达1.4%，创城镇化发展速度最快，建制镇数量从1.81万个增加到1.93万个。

（4）较快发展阶段（2007～2014年）。2007～2014年我国城镇化较快发展，城镇人口从6.06亿人增加到7.31亿人，城镇化率从45.89%增加到54.77%，城镇化率年均增长达到1.34个百分点，建制镇数量从1.92万个增加到2.01万个，城镇化发展主要得益于我国经济社会的协调发展。"十一五"规划提出"坚持大、中、小城市和城镇协调发展，提高城镇综合承载能力，按照循序渐进、节约土地、集约发展和合理布局的原则，积极稳妥推进城镇化，逐步改变城乡二元结构"，从而使城镇化进程中的资源环境与社会发展问题得到更多关注。城镇化发展理念由单纯重视数量和规模向注重质量和效益转变，由资源依赖和污染排放向节约资源和保护环境转变，由单一考虑城镇自身发展向城乡统筹协调发展转变。2007年十七大报告提出"走中国特色城镇化道路，按照统筹城乡、布局合理、节约土地、功能完善、以大带小的原则，促进大、中、小城市和小城镇协调发展"，以增强综合承载能力为重点，以特大城市为依托，形成辐射作用大的城市群，培育新的经济增长极"。2012年的十八大报告明确提出"新型城镇化"概念，接着2012年的中央经济工作会议将"积极稳妥推进城镇化，着力提高城镇化质量"作为2013年的重要经济工作任务之一。2013年12月，中央城镇化工作会议对城镇化对现代化建设、三农问题、区域协调发展、产业转型以及全面建设小康社会等的作用、影响和现实意义做了明确阐释，并提出了推进城镇化的六大任务。2014年3月，国务院印发了指导全国城镇化健康发展的宏观战略性规划——《国家新型城镇化规划（2014～2020年）》。可见，新型城镇化已经得到国家前所未有的高度重视，正如李克强总理所说："新型城镇化是关系现代化全局的大战略，是最大的内需潜力所在，是最大的结构调整，事关几亿人生活的改善"。新型城镇化将成为推动我国经济社会发展的动力。

3.1.3 城乡基础教育发展历程

从新中国城乡基础教育的发展实践可以看出，我国城乡基础教育主要经历了城乡分割的二元教育发展阶段与城乡基础教育协调发展阶段。其中，城乡基础教育二元发展阶段的特点突出表现为城镇基础教育在整个国家教育体系中处于优先发展的地位，农村基础教育并未受到充分足够的重视。在这一阶段，根据基础教育的资金筹措方式的不同又可以划分两个子阶段，即改革开放前"国家办城镇教育、农村集体办农村教育"的城乡二元教育发展阶段、改革开放后"国家办城镇教育、集资办农村教育"的城乡二元教育发展阶段。城乡基础教育协调发展阶段的特点突出表现为国家基于城乡基础教育协调与公平发展的理念，明确农村基础教育对我国经济社会发展的重要地位，进一步加强各级政府对农村基础教育的支出责任，城乡基础教育非均衡发展的状况得到改善。

（1）城乡基础教育二元政策的形成与发展阶段（1949 年 ~ 2000 年）。中华人民共和国成立初期，我国经济社会发展面临百废待兴的局面，国家的财政资金严重匮乏，只有集中有限的财政资金用于国家经济社会发展的重点领域。在基础教育领域，政府对城镇基础教育采取了优先发展的政策，城镇基础教育在"城市倾向"教育政策的支持下获得了快速的发展；农村基础教育则采取"自给自主"的教育政策，而我国低水平发展的农村经济无法有效地解决农村基础教育的有效供给问题，导致农村基础教育在很长一段时间内发展陷入困境。并且在基础教育领域，国家还实施了"重点学校政策"，如《关于有重点地办好一些中学和师范学校的意见》《中央人民政府政务院关于整顿和改进小学教育的指示》对城市公立小学重点发展的政策，《关于有重点地办好一批全日制中、小学校的通知》

《关于办好一批重点中小学试行方案》《关于分期分批办好重点中学的决定》等，城镇重点学校在校园环境建设、校舍基础建设、学校师资队伍建设等方面获得了相对于农村学校更多的政策倾斜。这种"重点学校政策"的出台使我国最终形成了多层次的重点学校国家，如国家级、省级、市级、县级等四大层级的重点学校格局。不同层级的重点学校在政府对基础教育资源配置方面处于绝对的优势地位，而非重点学校在基础教育资源配置中的劣势明显。虽然这种"重点学校政策"在国家集中财力发展教育的过程中发挥过重要作用，但是这种以城市基础教育为重点的教育政策很大程度上导致了农村基础教育供给不足与供给质量偏低。1949 年至 20 世纪末的基础教育政策演变过程见表 3 - 1。

表 3 - 1　　　　　1949 年后国家教育"重点校"相关政策

年份	内容
1952	教育部发布了《关于有重点地办好一些中学和师范学校的意见》
1953	政务院第 195 次会议通过《中央人民政府政务院关于整顿和改进小学教育的指示》强调，要重点发展城市公立小学，乡村公立小学一般不做发展
1962	教育部发布《关于有重点地办好一批全日制中、小学校的通知》，"重点校政策"初步形成
1978	教育部制定了《关于办好一批重点中小学试行方案》，在经费投入、师资队伍、学生生源、办学条件等方面向重点学校倾斜
1980	教育部颁发《关于分期分批办好重点中学的决定》
1992	国家教委办公厅印发《国家教育委员会关于搞好城市教育综合改革试点工作的意见》强调，"城市基础教育不仅要在普及程度上高于农村，而且在全面贯彻教育方针、克服片面追求升学率的倾向、提高教育质量等方面在全国起到示范作用。"
1994	国务院在颁发的《国务院关于〈中国教育改革和发展纲要〉的实施意见》中强调，每个县要重点办好一两所中学，全国建设 1000 所左右实验性、示范性高中

　　资料来源：王正惠，张乐天. 新中国成立以来城乡教育政策的嬗变与反思 [J]. 当代教育科学，2013（6）：3 - 6.

城乡基础教育二元发展的教育政策直接导致城乡基础教育经费投入的二元化发展，其中城镇基础教育经费主要源于国家的财政投入，农村基础教育经费主要通过农户自筹、农村集资等方面获得。具体来看，新中国成立至 20 世纪 70 年代中期，国家主要承担了城乡基础教育资金的财政支出责任；但是 20 世纪 70 年代中后期，政府财政对农村基础教育的支出责任不断减少，逐渐转为农村集体与农民共同筹措农村基础教育发展所需要的资金，即《关于加强和改革农村学校教育若干问题的通知》中关于农村基础教育"两条腿走路"的政策；20 世纪 80 年代《关于农村基础管理体制改革若干意见》明确了农村基础教育发展过程中县级、乡级政府的支出责任，尤其是扩大了乡一级地方政府对农村基础教育的管理权限，但是乡级地方政府财政能力微薄，无法有效地履行其农村基础教育的供给责任，农村基础教育发展所需的经费相当匮乏；1993 年《中国教育改革和发展纲要》和 1998 年《面向 21 世纪教育振兴行动计划》指出，全国基础教育的重要目标是在全国范围内基本普及九年义务教育，并从财政资金方面开始向农村地区倾斜，随着对农村基础教育的重视及财政资金的大量扶持，农村基础教育获得了快速发展，到 2000 年我国基础教育发展实现了基本普及中小学九年义务教育的目标。这一阶段与城乡基础教育经费相关的政策如表 3 - 2 所示。

表 3 - 2　　　　　　　改革开放以后城乡教育经费相关政策

年份	内容
1983	中共中央、国务院下发了《关于加强和改革农村学校教育若干问题的通知》，要求农村学校教育要坚持"两条腿走路"的方针，中央和地方要逐年增加教育经费，农村合作组织、农民要集资办学
1984	国务院下发了《关于筹措农村学校办学经费的通知》，要求乡人民政府征收教育事业费附加，以"取之于民，用之于民"发展农村教育

年份	内容
1985	中共中央颁布了《关于教育体制改革决定》，确立了县、乡、村三级办学，县乡两级管理的新体制
1986	颁布了《义务教育法》，规定在普及义务教育的进程中，逐步形成并完善了国家办高中和城市基础教育，农民办农村义务教育和学前教育的城乡分割的二元教育体制
1987	国家教委、财政部联合颁布的《关于农村基础教育管理体制改革若干意见》中，进一步强调了县级、乡两级在农村义务教育中的职责权限，而扩大乡一级管理农村学校的职责权限成为农村教育改革的一个重要特点
1993	中共中央、国务院印发的《中国教育改革和发展纲要》到1998年教育部制定的《面向21世纪教育振兴行动计划》，强调了基本普及九年义务教育、基本扫除青壮年文盲的目标，并将之确定为全国教育工作的"重中之重"

资料来源：王正惠，张乐天. 新中国成立以来城乡教育政策的嬗变与反思 [J]. 当代教育科学，2013（6）：3-6.

（2）城乡基础教育一体化发展政策的形成与发展阶段（2000年至今）。在传统城乡基础教育二元体制的影响下，农村基础教育与城镇基础教育的差距不断扩大，影响城乡经济社会的协调发展。随着国家对农村基础教育作用的重新认识与教育公平理念的落实，城乡基础教育政策逐渐从城乡二元政策向城乡一体化政策转变，使城乡基础教育从以前的相互独立、相互分离的分散化发展转变成相互融合、共享共建的协调化发展，并成为城乡一体化发展的重要组成部分。

具体来看，城乡基础教育一体化发展是指在城乡基础教育方面形成城乡相互影响、相互协调、相互依存、融合发展的城乡教育关系，破除城乡经济社会二元发展的各种制度束缚，消除城乡基础教育因区域经济发展水平、家庭环境背景等因素导致的教育不公平，实现城乡基础教育资源的优势互补与共享共建，以及城乡教育的动态均衡与良性互动，最终实现城乡基础教育均衡发展。具体到城乡基础教育的一体化发展，还需经历一体化的城乡基础教育资源配置阶段、一体化的城乡基础教育结果阶段。而为了实现一体化的城乡基础教育发展，破除二元化的城乡基础教育格局，我国出台了一系列教育政策。具体的教育政策如表 3 - 3 所示。

表 3 - 3　　　　　　　　2000 年以来国家出台的相关教育政策

年份	内容
2000	国家实行了农村税费改革，同时取消了教育集资和农村教育费附加
2001	国务院出台与农村"税费改革"相配套的重要改革措施，下发《关于基础教育改革与发展的决定》，确立了"实行在国务院领导下，由地方政府负责、分级管理、以县为主的体制"，把义务教育投入重心由乡镇上移至县一级政府，实现了从"人民教育人民办"向"人民教育政府办"的历史性转变（袁桂林，2006）
2003	国务院颁发的《关于进一步加强农村教育工作的决定》明确提出"要优先发展农村教育"，要"加大城市对农村教育的支持和服务，促进城市和农村教育协调发展"
2003	温家宝在全国农村教育工作会议上讲话指出，"我们要缩小教育差距，促进城乡之间、地区之间的协调发展，就必须大力发展农村和欠发达地区的教育"
2005	国务院下发了《关于深化农村义务教育经费保障机制改革的通知》，把农村义务教育全面纳入公共财政保障范围，建立了中央和地方分项目、按比例分担的农村义务教育经费保障新机制
2006	新修订的《中华人民共和国义务教育法》规定"义务教育实行国务院领导，省、自治区、直辖市人民政府统筹规划实施，县级人民政府为主管理的体制，国家将义务教育全面纳入财政保障范围，义务教育经费由国务院和地方各级人民政府依照本法规定予以保障。"
2007	全国农村义务教育普遍推行了"两免一补"政策。国家对农村义务教育经费保障机制做出进一步调整和完善，着力提高农村义务教育经费保障水平，进一步加大对农村特别是贫困边远地区义务教育的支持
2008	十七届三中全会通过了《中共中央关于推进农村改革发展若干重大问题的决定》，其强调，要大力发展农村教育，促进教育公平，促进城乡义务教育均衡发展，以实现 2020 年城乡基本公共服务均等化明显推进，农村人人享有接受良好教育机会的教育目标

年份	内容
2008	国务院发布《关于做好免除城市义务教育阶段学生学杂费工作的通知》规定"在全面实施农村义务教育经费保障机制改革的基础上，从2008年秋季学期开始全部免除城市义务教育阶段公办学校学生学杂费"
2010	《国家中长期教育改革和发展规划纲要（2010～2020年）》提出"建立城乡一体化义务教育发展机制"以缩小城乡教育差距，促进区域内义务教育均衡发展
2010	教育部印发《关于贯彻落实科学发展观进一步推进义务教育均衡发展的意见》，明确提出了义务教育均衡发展的目标，并对合理配置教育资源，提高经费保障水平，制度建设和机制创新，提高教育教学水平等方面提出指导意见，促进义务教育的均衡发展和内涵提升
2011	《国家中长期教育改革和发展规划纲要（2010～2020年）》明确要求在省部级层面上进一步强力推动义务教育均衡发展工作，加大了对各地义务教育均衡发展的支持力度
2012	教育部印发了《国家教育事业发展规划第十二个五年规划》，提出了"十二五"期间东部地区要基本实现城乡教育一体化，其他地区要逐步实现城乡教育一体化的发展目标
2017	中共十九大报告明确提出"推动城乡义务教育一体化发展，高度重视农村义务教育，办好学前教育、特殊教育和网络教育，普及高中教育，努力让每个孩子都能享有公平而有质量的教育。"

资料来源：王正惠，张乐天.新中国成立以来城乡教育政策的嬗变与反思［J］.当代教育科学，2013（6）：3－6；姚永强.我国义务教育均衡发展方式转变研究［D］.华中师范大学，2014.

从表3－3中可以看出，自2000年以来国家通过出台的一系列教育政策，如农村税费改革政策、农村义务教育经费保障机制、"两免一补"政策、贫困地区义务教育工程与农村学校信息化建设、以县为主的教育管理体制、农村义务教育"新机制"、义务教育均衡发展政策等，城乡长期分割的二元教育体制发生了根本性变革，我国城乡基础教育正不断由城乡统筹发展向城乡一体化发展。其中具有标志性的政策是2008年《中共中央关于推进农村改革发展若干重大问题的决定》，该决定指出农村基础教育的发展是我国实现教育公平的重要途径，要推动城乡基础教育的均衡发展。

纵观中华人民共和国成立以来城乡基础教育的发展历程，可以发现随着我国国家综合实力的不断提升以及教育公平理念的深入，政府加大了对城乡基础教育协调与均衡发展的政策支持力度，我国基础教育的整体发展水平不断提升，我国被视为世界上基础教育发展水平最好的国家之一。然而，需指出的是目前我国城乡基础教育的公平程度尚需进一步提升，城乡基础教育在财政资金投入规模与结构、师资质量、办学条件、教学成效等方面的差距仍然在一定范围内存在。

3.2 城镇化的发展与城乡基础教育的相互影响

3.2.1 城镇化的发展对城乡基础教育的影响

城镇化进程亦是一国社会变迁的过程，不仅会影响城乡基础教育的目标定位、空间布局，还会影响城乡基础教育的体系结构与制度安排。具体来看，具有人口、经济、土地等多维意义的城镇化，分别通过人口城镇化、经济城镇化、土地城镇化等方面影响城乡基础教育。

（1）人口城镇化对城乡基础教育的影响。人口城镇化是城镇化发展过程中最为显著的标志，主要表现形式是农村人口不断向城市进行集聚的过程，随着我国新型城镇化不断发展，城市的空间集聚效应进一步凸显出来，而乡村地区的劳动资本、人力资本等资源都向城市集中。城市人口集中带来的空间集聚效应会带动经济活动的集聚效应，高校毕业生为主体的较高文化水平的劳动力较大部分留在城市工作，劳动资本与人力资本的经济增长效应增强了城市发展的动力与活力，同时地方政府更有意愿与能力提供更为均衡的公共服务。随着城镇化的发展，城市进一步发展带来的工作机会大大增加，农村人口流入城市规模进一步扩大，在统计口径上以常住人口进行核算的受城市基础教育学生数量的基数会有较大增长，因此在教育投入的变量选择上诸如生均教师数、生均教育经费的城乡差距对比来看，人口城镇化可能从统计意义上起到了缩小城乡基础教育投入的相对差距水平。但从现实情况来看，无论从生均教师数和生均教育经费城乡之间都有一定的差距，并且伴随着城镇化的发展，城乡间教育差距有微弱缩小，但距离均衡还有一定差距。国外的城镇化发展过程中也曾经历过从不均衡到均衡这一过程（蔡昉，2003），学者爱德华（Edward）利用调研的微观数据验证中间选民的假说，表明城市社会居民具有较强的组织能力诉求。蒂布特（Tiebout）机制在城市社区中发挥了重要作用，对公共产品具有消费偏好的居民会选择居住在一起，从而形成对公共产品共同的需求；而在乡村地区，蒂布特（Tiebout）相应的社区表现形式并无在城市中明显，其中较大原因是乡村人口聚集程度相比城市要较弱一些，从而农村相应的公共产品供给度相比城市仍然有一定差距。因此，人口城镇化会加大城乡基础教育投入的差距。

（2）经济城镇化对城乡基础教育的影响。经济城镇化是指伴随着城镇化进程，产业结构经历了优化与升级的过程，非农产业占比不断提高，而农业占比不断下降。经济城镇化的实质是经济社会分工的深化及实现了专业化的生产，具有规模经济效应与聚集经济效应。相对于农村地区，城镇地区可以充分利用经济城镇化所带来的规模经济与聚集经济促进城镇地区的经济增长，即一方面通过资本积累、产业集群、技术进步、产业结构优化、专业化生产、要素流动等提高城镇地区经济的生产能力与生产效率；另一方面通过城镇经济的发展增加城镇居民的可支配收入，扩大城镇居民对优质产品的消费需求，增加城镇地区经济增长的需求动力。

经济城镇化在规模经济与聚集经济的作用下实现城镇经济快速增长的同时，亦为政府为均衡城乡基础教育提供了财力支持。根据世界各国经济城镇化发展规律来看，随着经济城镇化的发展，城镇经济实力不断提高，并通过经济辐射作用的发挥，农村地区经济发展水平亦随之相应地提高，从而促进城镇化地区整体经济发展，地区财政能力亦随之增强，政府能够有效地履行基本公共服务均等化的职能以实现社会福利的最大化。在我国，经济城镇化对政府均衡城乡基础教育的效应还受到诸多因素的影响：一是传统"中心城市工业化"的发展战略使城镇与农村非均衡的发展关系进一步延续到城镇与农村基础教育领域；二是政府官员晋升机制的 GDP 考核标准使地方政府在公共资源配置时，更倾向于能在短期内实现经济增长快速增长的非农领域；三是城镇利益集团亦会影响政府落实基础教育政策时具有明显的"城市偏向"，因为经济城镇化可以使城市获得更多的集团利益，并通过利益集团影响政府行为，使其在基础教育政策制度与实施过程中做出有利于城市的决定。因此，经济城镇化对均衡城乡基础教育的效应并不确定，还取决于经济城镇化进程中政府决策的城市偏向的边际倾向，即政府每增加一单位财政支出中城市基础教育财政支出增加的数量。如果基础教育财政支出中城市偏向的边际倾向很高，则会抵消一部分政府基于财力能力提高增加均衡城乡基础教育发展的正向效应。另外，城镇化进程中政府均衡城乡基础教育发展的效应还存在显著的区域差异。经济发达地区居民的平均收入水平、人力资本水平往往高于经济落后地区，劳动力的潜在流动性更强，并通过"用手投票"或"用脚投票"机制对地方政府的基本公共服务支出职责产生重大影响。

但经济发展水平不同的地区，经济城镇化对政府的城乡基础教育政策影响并不一致。经济发达地区的地方政府为了留住与吸收更多高素质人才,在城市基础教育、医疗、社会保障等公共产品的供给方面加大了财政安排;而经济落后地区的地方政府为了在短期内促进地区经济增长,集中安排更多的财政资金用于当地基础设施建设,而忽视了城市基础教育、医疗、社会保障等公共产品需求。

(3)土地城镇化对城乡基础教育的影响。土地城镇化一词最早出现在 2007 年我国学者陆大道、姚士谋等人提交的《关于遏制"冒进式"城镇化和空间失控的建议》报告中。学者吕萍认为,土地城镇化是指土地条件由农村形态向城市形态转化的过程,土地城镇化水平的衡量指标是以城镇面积占该地区总面积的比重。鲁德银则从农村各类用地权属转变的角度出发,认为土地城镇化是指农村用地向城镇经济社会用途土地的转变。本文结合两位学者的主要观点,认为土地城镇化是指城镇地域面积的持续扩大。

土地城镇化主要通过影响地方政府的收入与支出行为,影响地方政府均衡城乡基础教育职能的发挥。一方面,土地城镇化使地方政府获得更多的农地征用收益。随着城镇化对地域空间发展的需要,地方政府需要大量征收农村土地以满足城镇化的需要。其主要做法是政府首先在土地流转市场上征收农村土地,再将其转让给开发商。在土地征收—转让过程中,地方政府通过低收高卖的方法获得了大量的土地出让收入,即土地财政。另一方面,地方政府在土地出让收入的使用方面时也存在"城市偏向",忽略了农村地区公共产品的供给,从而可能使政府在城乡基础教育供给时存在非均衡的现象。

另外,土地城镇化可能会强化地方政府盲目扩张城市的冲动,扩大城乡基础教育差距。地方政府为了获得城镇化进程对农地转用的"红利",往往片面追求城市扩张的规模。因为城镇化水平越高,劳动力、资金、技术等生产要素的聚集程度越高,从而推高了要素聚集地区的土地价格，地方政府因此可以获得更多的土地批租收益。同时，地方政府在获得更多土地批租收益时，还需增强该地区城镇化对要素的吸引力，因而在要素聚集的城镇地区提供相对于农村地区的更完善的城市基本公共产品和各种福利保障。表现在基础教育公共产品的提供方面，城乡基础教育非均衡会因城镇化进程中政府盲目扩大城市的冲动而在一定范围内存在。

3.2.2 城乡基础教育均衡对城镇化的影响

城镇化不仅指农村人口的非农化、农村用地的城镇化，还包括经济生产方式的现代化、产业结构的合理与优化、人力资源的智力化、精神生活的丰富、政治民主化、城乡经济社会的协调发展等。即城镇化不仅是指人口规模与城镇空间区域的数量型扩张，还蕴含"人的全面发展""城乡经济社会公平与共享"等质量的内涵。根据城镇化的发展方式，城镇化展阶段分为速度型城镇化发展阶段、质量型城镇化发展阶段。其中速度型城镇化发展阶段具有经济社会粗放型发展的特点，存在产业结构欠合理、资源环境不断恶化、社会矛盾冲突不断等问题；质量型城镇化发展阶段具有经济社会质量集约型发展的特点，整个经济社会产业结构合理布局，资源环境友好，城乡经济社会协调发展。如何实现城镇化由速度型向质量型的转变，需要有效地通过教育解决城镇化转型过程中面临的诸多问题，实现城镇化质量型的发展。本部分主要从城乡基础教育协调发展的角度，理论分析城乡基础教育均衡发展对城镇化质量水平提高的重要作用。

（1）城乡基础教育均衡发展有利于提升人的城镇化与现代化水平。城镇化质量型发展的核心是"人的城镇化"，即通过人的城镇化，实现人口流动的合理性、农村转移人口的有序性，并通过人口素质的不断提高实现人的全面发展和社会公平正义。"人的城镇化"不仅仅是要实现"农业转移人口市民化",使农村居民与城镇居民享有同等的基本公共服务、具有同样的身份,还要使农业转移人口实现从传统人向现代人的转变,即"人的现代化"。相对于农业社会中消极被动、自给自足、不思进取、小富即安的传统人,现代人具有平权开放、独立自主、乐观进取、科学理性等特点。

在城镇化进程中,城乡基础教育的均衡发展有助于农业转移人口顺利实现精神世界、生活方式、人格特征等方面的转变,具备现代人素质。具体来看,城乡基础教育从以下几方面发挥传统人向现代人转变的作用。一是城镇基础教育学校把如何提升农业转移人口随迁子女的现代性作为教育工作的重点与核心,采用深入研究的方式,详细了解随迁子女的具体情况,有针对性地通过课程设置、教师介入等方式,培养其现代性所需的综合素养,使其能顺利融入城市的学习与生活。二是农村基础教育学校基于"人的现代化"的要求,不再仅仅局限于"新型农民"的培养,而从人的现代性和全面发展的目标,培养出"人的城镇化"与"人的现代化"所需的人才,有利于城镇化质量型的发展。

(2)城乡基础教育的均衡发展有利于城镇化进程中人力资本的形成。城镇化质量型的发展需着眼于农村与农民的发展,其中农民的发展主要通过教育实现其人力资本水平的提升,从而为城乡经济社会的协调发展提供必要的人力资本。

城乡基础教育会促进城镇化辖区的经济增长,并通过空间溢出效应推动城镇化经济社会的协调发展。即在农村流动人口向城镇地区的聚集过程中,农村流动人口人力资本水平的高低成为城镇化水平提升的重要因素。城乡基础教育的均衡发展可以使农村人口具备城镇化发展所需的劳动技能、知识储备、综合素质等,有利于城镇化发展所需的人力资本积累。同时通过溢出效应有效地带动其他地区的经济发展，实现一国经济社会的整体协调发展。

（3）城乡基础教育均衡发展有利于社会融合，缓解城镇化进程的社会矛盾。城镇化过程中，农村转移人口在较长一段时期内难以实现与城镇居民的融合，即存在"城市内部二元结构"现象。新的"城市内部二元结构"使农村转移人口子女在城镇地区常常处于被排斥的地位，这种问题既有源于相关制度安排的排斥，又源于文化的排斥。

在城乡基础教育的均衡发展领域：一方面，通过破除"城市内部基础教育二元制度"，对农村转移人口子女完全开放辖区内所有的基础教育，为其提供均衡的教育机会；另一方面，通过破解不同群体对农村转移人口子女在语言方式、行为方式、生活方式、价值观等方面的文化排斥，实现城镇居民、城镇户籍学生、城镇学校教师与农村转移人口子女的有效沟通与了解。

（4）城乡基础教育通过对教育空间优化布局，影响城镇化进程中的空间布局。城镇化优质发展的基础性条件是人口与产业的空间布局在人口集聚与产业集聚的过程中的进一步优化。城乡基础教育空间布局的合理化是人口与产业空间布局优化的重要内容，可以通过合理的基础教育资源优化配置解决城乡基础教育资源空间配置不足、结构不合理等问题。

一是通过充分运用"总量够用、增量合理、存量盘活"的原则，优化城镇内部学校空间布局，实现城镇基础教育用地的"相对充足"，并根据城镇化发展对基础教育用地的需求，适度增加城镇基础教育用地规模，同时通过重新规划、集团办学等方式有效盘活现有的城镇基础教育用地，提高其使用效率。二是通过优化农村基础教育布局，进一步缩小了城乡基础教育差距，促进了农村经济社会发展。即通过合理配置城乡基础教育资源，加快农村基础教育事业的发展，有效地解决城乡基础教育空间中农村学校质量不高的问题。三是通过优化不同层级城镇间的教育空间布局，增强中小城镇基础教育对人口集聚的吸引力，有效地发挥了基础教育资源均衡配置对城镇化进程中空间合理布局的作用。

3.3 城镇化进程中城乡基础教育非均衡发展的主要体现

3.3.1 城乡师资力量的差异

师资力量是影响城乡基础教育均衡发展的最重要因素，主要包括师资数量规模、师资质量水平。其中衡量基础教育师资质量的重要指标包括教师的学历与职称。本部分在采用师资数量规模指标时，主要用"生师比"指标进行衡量；教师的学历指标指本科及以上高学历教师的比例；教师的职称指标指教师的高级职称比例指标。

（1）城乡师资规模的差异。根据 2005 年与 2015 年《中国教育统计年鉴》相关数据的整理可以发现，2004 年城镇地区基础教育"生师比"均低于农村地区，但 2014 年城镇地区基础教育"生师比"均高于农村地区。其中，2004 年城镇地区与农村地区的小学教育阶段"生师比"分别为 19.26、19.47，城镇地区与农村地区的初中教育阶段"生师比"分别为 15.74、18.16。2014 年；2014 年城镇地区与农村地区的小学教育阶段"生师比"分别为 18.96、14.57，城镇地区与农村地区的初中教育阶段"生师比"分别为 12.96、10.89。

整体来看，2014 年我国城乡师资规模相对于 2004 年而言更加合理,并且城镇地区"生师比"值高于农村的原因主要是农村流动人口子女大量地向城镇地区转移。

(2)城乡师资学历结构的差异。从城乡基础教育师资的学历结构来看,2004~2014年,我国城乡基础教育专任教师学历状况显著改善。

从我国城乡小学专任教师的学历结构来看,城镇地区、农村地区小学本科及以上毕业的专任教师占比分别从2004年的19.3%、3.28%快速增加到2014年的64.51%、33.14%,分别增加了45.21个百分点、29.86个百分点。但是从小学各个学历的专任教师占比情况来看,城镇地区小学专任教师高学历占比明显高于农村地区。其中,2014年城市本科及以上毕业的专任教师占比高于农村地区15.35个百分点。并且,2014年城镇地区小学专任教师的学历以本科及以上毕业为主;而农村地区小学专任教师的学历以专科毕业为主。

从我国城乡初中专任教师的学历结构来看,城镇地区、农村地区初中本科及以上毕业的专任教师占比分别从2004年的62.44%、24.33%增加到2014年的89.08%、72.57%,分别增加了26.64个百分点、48.24个百分点。对比城乡初中专任教师的学历结构来看,城镇地区初中专任教师高学历占比明显高于农村地区。需指出的是,2014年城镇地区与农村地区初中教师的学历均以本科及以上毕业的为主,并且2014年城镇与农村地区专科毕业、高中阶段毕业、高中阶段以下毕业的专任教师占比均出现不同幅度的下降。由此可以看出,我国城乡初中师资质量均不断提升。具体情况见表3-4。

(3)城乡师资职称结构的差异。师资职称亦是影响基础教育质量的重要因素。通过对比2004年、2014年我国城乡基础教育专任教师的职称结构可以发现,城乡基础教育专任教师中高级职称结构均不断优化。

表 3 - 4　　　　　　　专任教师"学历比"的城乡差异　　　　　单位：%

基础教育	学历	2004 年		2014 年		十年对比	
		城市	农村	城市	农村	城市增加	农村增加
小学教师学历比	本科及以上毕业	19.3	3.28	64.51	33.14	45.21	29.86
	专科毕业	58.7	44.21	32.8	53.35	- 25.9	11.14
	高中阶段毕业	21.59	50.62	2.67	13.34	- 18.92	- 37.28
	高中阶段以下毕业	0.41	1.89	0.02	0.17	- 0.39	- 1.72
初中教师学历比	本科及以上毕业	62.44	24.33	89.08	72.57	26.64	48.24
	专科毕业	35.97	68.86	10.79	26.84	- 25.18	- 42.02
	高中阶段毕业	1.53	6.66	0.12	0.56	- 1.41	- 6.1
	高中阶段以下毕业	0.06	0.25	0.01	0.03	- 0.05	- 0.22

数据来源：根据 2005 年、2015 年《中国教育统计年鉴》相关数据整理得到。

从我国城乡小学专任教师的学历结构来看，城镇地区、农村地区小学高级职称的专任教师占比分别从 2004 年的 50.48%、39.18% 增加到 2014 年的 55.54%、49.68%，分别增加了 5.06 个百分点、10.50 个百分点。其中，城镇地区小学拥有高级职称的专任教师长期高于农村地区。另外，值得注意的是，城镇地区与农村地区小学未定职称的专任教师占比出现增加的趋势，分别从 2004 年 6.67%、5.66% 增加到 2014 年的 11.78%、10.72%，分别增加了 5.11 个百分点、5.06 个百分点。

从我国城乡初中专任教师的学历结构来看，城镇地区、农村地区初中高级职称的专任教师占比分别从 2004 年的 15.57%、3.47% 增加到 2014 年的 22.00%、13.35%，分别增加了 6.43 个百分点、

9.88 个百分点。其中，城镇地区初中拥有高级职称的专任教师长期高于农村地区。具体情况如表 3 - 5 所示。

表 3 - 5   专任教师职称的城乡差异   单位：%

基础教育	职称	2004 年		2014 年		十年对比	
		城市	农村	城市	农村	城市增加	农村增加
小学教师职称	高级职称	50.48	39.18	55.54	49.68	5.06	10.5
	小学职称	42.85	55.16	32.68	39.6	-10.17	-15.56
	未定职称	6.67	5.66	11.78	10.72	5.11	5.06
初中教师职称	高级职称	15.57	3.47	22.00	13.35	6.43	9.88
	小学职称	77.79	87.25	70.18	77.83	-7.61	-9.42
	未定职称	6.64	9.28	7.82	8.82	1.18	-0.46

数据来源：根据 2005 年、2015 年《中国教育统计年鉴》相关数据整理得到。

3.3.2 城乡基础教育办学条件差异

城镇化进程中办学条件的城乡差异亦是影响城乡基础教育非均衡发展的重要因素。其中，办学条件主要是指校舍情况、资产情况、图书资源情况、多媒体资源情况等。

（1）校舍面积的城乡差异。根据整理《中国教育统计年鉴》的相关数据表明，2014 年城乡基础教育的生均校舍面积均出现不同幅度的增长。其中，2014 年城乡小学生均校舍面积分别从 2004 年的 5.22 平方米、5.54 平方米增加到 2014 年的 5.86 平方米和 9.02 平方米；城乡初中生均校舍面积分别从 2004 年的 6.13 平方米、6.00 平方米增加到 2014 年的 11.19 平方米和 16.34 平方米。

对比城镇地区与农村地区生均校舍面积可以发现，农村地区基础教育阶段的生均校舍面积均高于城镇地区。究其原因，可能是因为城镇化进程中随着农村流动人口向城镇地区的快速涌动，导致城镇地区生均校舍面积低于农村地区。

（2）校舍资产的城乡差异。根据整理《中国教育统计年鉴》的相关数据表明，2014年城乡基础教育的生均校舍资产均出现不同幅度的增长。

从我国城乡小学生均校舍资产的情况来看，城乡生均校舍资产均不断增加，但城乡生均校舍资产的差距不断缩小。其中，2014年城镇地区与农村地区小学生均教学仪器设备资产值分别从2004年的0.069万元/人、0.019万元/人增加到0.146万元/人、0.086万元/人，城乡比从2004的3.630缩小到2014年的1.700；城镇地区与农村地区小学生均实验设备价值分别从2004年的0.033万元/人、0.001万元/人增加到0.024万元/人、0.024万元/人，城乡比从2004年的3.300缩小到2014年的1.000。

表3-6　　　　　　　　　基础教育校舍资产情况的城乡差异

基础教育类别	设备资产（万元/人）	2004 年			2014 年		
		城市	乡村	城乡比	城市	乡村	城乡比
小学	生均教学仪器设备资产值	0.069	0.019	3.630	0.146	0.086	1.700
	生均实验设备	0.033	0.010	3.300	0.024	0.024	1.000
初中	生均教学仪器设备资产值	0.075	0.033	2.270	0.220	0.174	1.260
	生均实验设备	0.043	0.020	2.150	0.058	0.067	0.860

数据来源：根据2005年、2015年《中国教育统计年鉴》相关数据整理得到。

从我国城乡初中生均校舍资产的情况来看，城乡生均校舍资产均不断增加，但城乡生均校舍资产的差距不断缩小。其中，2014年城镇地区与农村地区初中生均教学仪器设备资产值分别从2004年的 0.075 万元/人、0.033 万元/人增加到 0.220 万元/人、0174 万元/人，城乡比从 2004 年的 2.270 缩小到 2014 年的 1.260；城镇地区与农村地区初中生均实验设备价值分别从 2004 年的 0.043 万元/人、0.020 万元/人增加到 0.058 万元/人、0.067 万元/人，城乡比从 2004 年的 2.150 缩小到 2014 年的 0.860。

（3）城乡图书和数字资源拥有量的差异。根据整理《中国教育统计年鉴》的相关数据表明，2014 年城乡基础教育的图书与数字资源均出现不同幅度的增长，具体情况如表 3 - 7 所示。

表 3 - 7　　　　基础教育图书和数字资源拥有量的城乡差异

基础教育类别	图书与数字资源	2004 年			2014 年		
		城市	乡村	城乡比	城市	乡村	城乡比
小学	生均图书（册）	16.21	12.81	1.26	21.18	21.44	0.99
	每百名学生计算机配置数（台）	6.82	2.20	3.10	11.87	9.39	1.26
初中	生均图书（册）	13.99	15.04	0.93	30.97	40.01	0.77
	每百名学生计算机配置数（台）	6.95	4.08	1.70	16.91	16.58	1.02

数据来源：根据 2005 年、2015 年《中国教育统计年鉴》相关数据整理得到。

从我国城乡小学生均图书与数字资源的情况来看，城乡生均图书与数字资源均不断增加，城乡生均图书与数字资源的差距不断缩小。其中，2014 年城镇地区与农村地区小学生均图书（册）分别从 2004 年的 16.21 册/人、12.81 册/人增加到 21.18 册/人、21.44 册/人，城乡比从 2004 的 1.26 缩小到 2014 年的 0.99；城镇地区与农村地区小学每百名学生计算机配置（台）数分别从 2004 年的 6.82 台/百人、2.20 台/百人增加到 11.87 台/百人、9.39 台/百人，城乡比从 2004 年的 3.10 缩小到 2014 年的 1.26。

从我国城乡初中生均图书与数字资源的情况来看，城乡生均图书与数字资源均不断增加，城乡生均图书与数字资源的差距不断缩小。其中，2014 年城镇地区与农村地区初中生均图书（册）分别从 2004 年的 13.99 册/人、15.04 册/人增加到 30.97 册/人、40.01 册/人，城乡比从 2004 年的 0.93 缩小到 2014 年的 0.77；城镇地区与农村地区初中每百名学生计算机配置（台）数分别从 2004 年的 6.95 台/百人、4.08 台/百人增加到 16.91 台/百人、16.58 台/百人，城乡比从 2004 年的 1.70 缩小到 2014 年的 1.02。

3.3.3 城乡基础教育经费的差异

根据整理《中国教育统计年鉴》的相关数据表明，2014 年城乡基础教育经费均出现不同幅度的增长，具体情况如表 3 - 8 所示。

表 3 - 8　　　　基础教育生均公共财政预算支出的城乡差异　　　　单位：元

基础教育类别	生均公共财政预算内	2004 年		2014 年		十年对比	
		城市	农村	城市	农村	城市增加	农村增加
小学	事业费	1129.11	1013.8	7681.02	7403.91	6.80	7.30
	公共部分	116.51	95.13	2241.83	2102.09	19.24	22.10
初中	事业费	1246.07	1073.68	10359.33	9711.82	8.31	9.05
	公共部分	164.55	125.52	3120.81	2915.31	18.97	23.23

数据来源：2005 年、2015 年《中国教育统计年鉴》。

从我国城乡小学生均公共财政预算经费支出情况来看，城乡小学生均公共财政预算经费支出均不断增加。其中，2014 年城镇地区与农村地区小学生均公共财政预算内事业费支出分别从 2004 年的 1129.11 元/人、1013.80 元/人增加到 7681.02 元/人、7403.91

元/人,城乡分别增加了 6.80 倍、7.30 倍;城镇地区与农村地区小学生均公共财政预算内公共部分支出分别从 2004 年的 116.51 元/人、95.13 元/人增加到 2241.83 元/人、2102.09 元/人,城乡分别增加了 19.24 倍、22.10 倍。

从我国城乡初中生均公共财政预算经费支出情况来看,城乡初中生均公共财政预算经费支出均不断增加。其中,2014 年城镇地区与农村地区初中生均公共财政预算内事业费支出分别从 2004 年的 1246.07 元/人、1073.68 元/人增加到 10359.33 元/人、9711.82 元/人,城乡分别增加了 8.31 倍、9.05 倍;城镇地区与农村地区初中生均公共财政预算内公共部分支出分别从 2004 年的 164.55 元/人、125.52 元/人增加到 3120.81 元/人、2915.31 元/人,城乡分别增加了 18.97 倍、23.23 倍。

3.3.4 城乡基础教育资源差异的总体变化分析

在综合分析城乡基础教育资源差异时,本文通过表 3 - 9 综合反映城乡小学、初中在师资力量、办学条件、教育经费等 3 方面的差距变动情况。其中,城镇相关教育资源优于农村相关教育资源时,标记为" + ",相反则标记为" - ",相等时则标记为" = "。具体情况见表 3 - 9 所示。

表 3 - 9　　　　　　　　基础教育资源的城乡差异一览表

指标	分指标	小学		初中	
		2004 年	2014 年	2004 年	2014 年
师资队伍	生师比	-	-	-	-
	专任教师高学历比	-	-	-	-
	专任教师高职称比	-	-	-	-

续表

指标	分指标	小学		初中	
		2004 年	2014 年	2004 年	2014 年
办学条件	生均校舍建筑面积	−	+	−	+
	生均教学仪器设备值	−	−	−	−
	生均实验设备值	−	−	−	−
	生均图书册	−	−	+	+
	数字资源/每百名学生计算机配置	−	−	−	−
教育经费	生均公共财政预算教育事业费	−	=	−	=
	生均公共财政预算教育公用部分	−	−	−	=

数据来源：根据表 3 − 4 ~ 表 3 − 8 中的数据整理得到。

整体来看，在基础教育资源配置时农村地区基本上处于不利的地位，但不利的局面有所缓解。2004 年反映农村基础教育资源的生师比指标、专任教师高学历指标、专任教师高职称指标、生均校舍建筑面积指标、生均教学仪器设备值指标、生均图书册指标、生均数字资源指标、生均公共财政预算内教育事业费指标、生均公共财政预算内教育公用经费指标等 10 个指标数值均低于城镇地区。

在城乡小学教育资源配置的对比情况来看，2014 年反映农村小学教育资源的 10 个指标中生均校舍建筑面积指标优于城镇地区，生均公共财政预算内教育事业费指标与城镇地区持平。并且结合前面的分析结果，也可以发现城乡小学教育资源配置的差距均不断缩小。

在城乡初中教育资源配置的对比情况来看，2014 年反映农村初中教育资源的 10 个指标中生均校舍建筑面积指标、生均图书册指标均优于城镇地区，生均公共财政预算内教育事业费指标、生均公共财政预算内教育公用经费指标与城镇地区持平。

整体来看，城乡初中教育资源配置的差异小于城乡小学教育资源配置的差异，农村基础教育资源配置在整个基础教育资源配置中基本上长期处于劣势地位，但农村地区在基础教育资源配置中的劣势不断减缓。

3.4　本章小结

本章首先基于诺瑟姆曲线分析城镇化发展的一般规律，分别从发达国家、发展中国家城镇化的发展历程分析不同经济发展水平国家城镇化发展的特点；分析我国改革开放以来城镇化不同发展阶段城镇化政策及其对城镇化的主要影响；深入剖析我国改革开放前"国家办城镇教育、农村集体办农村教育"的城乡二元教育发展阶段、改革开放后"国家办城镇教育、集资办农村教育"的城乡二元教育发展阶段基础教育均衡发展状况；从城镇化的多维含义，分别阐述人口城镇化、经济城镇化、土地城镇化对城乡基础教育均衡发展的影响；从城乡基础教育均衡有利于提升人的城镇化与现代化水平，有利于城镇化进程中人力资本的形成，有利于社会融合及缓解城镇化进程的社会矛盾，有利于优化城镇化进程中的空间布局等4个方面深入阐述城乡基础教育均衡发展对城镇化发展的重要作用；并且实证考察了2004年与2014年我国城乡基础教育资源配置差异情况，认为在我国城镇化的快速发展过程中，国家加强对城乡基础教育资源配置的宏观调控，实现城乡基础教育的均衡发展，有利于城镇化过程中经济社会的协调发展。

参 考 文 献

[1] 蔡昉. 城乡收入差距与制度变革的临界点 [J]. 中国社会

科学，2003（5）：93 – 111.

[2] 陈斌开，张鹏飞，杨汝岱. 政府教育投入、人力资本投资与中国城乡收入差距 [J]. 管理世界，2010（1）：36 – 43.

[3] 程开明. 从城市偏向到城乡统筹发展——城市偏向政策影响城乡差距的 Panel Data 证据 [J]. 经济学家，2008（3）：28 – 36.

[4] 褚宏启. 中国教育管理评论 [J]. 中国德育，2009（7）：100.

[5] 丁守海. 论中国特色的城市化模式 [J]. 政治经济学评论，2008（2）：126 – 145.

[6] 方创琳，祁巍锋，宋吉涛. 中国城市群紧凑度的综合测度分析 [J]. 地理学报，2008（10）：1011 – 1021.

[7] 方创琳. 改革开放 30 年来中国的城市化与城镇发展 [J]. 经济地理，2009（1）：19 – 25.

[8] 方创琳. 中国新型城镇化转型发展的战略方向 [J]. 资源环境与发展，2014（2）：18 – 19.

[9] 高彦彦，周勤，郑江淮. 为什么中国农村公共品供给不足？ [J]. 中国农村观察，2012（6）：40 – 52.

[10] 李秉仁. 我国城市发展方针政策对城市化的影响和作用 [J]. 城市发展研究，2008（2）：26 – 32.

[11] 邵泽斌. 从"城市教育优先"到"城乡教育均衡"——新中国城乡教育关系述评 [J]. 社会科学，2010（10）：74 – 79.

[12] 邵泽斌. 理念变革与制度创新：从城乡教育均衡到城乡教育一体化 [J]. 复旦教育论坛，2010（5）：14 – 19.

[13] 沈坤荣，蒋锐. 中国城市化对经济增长影响机制的实证研究 [J]. 统计研究，2007（6）：9 – 15.

[14] 沈凌，田国强. 贫富差别，城市化与经济增长——一个基于需求因素的经济学分析 [J]. 西部发展评论，2007（1）：17 – 29.

[15] 田立勇, 杜宪素, 王素娟. 我国基础教育经费投入对小学升学率影响的实证研究 [J]. 长春教育学院学报, 2014 (9).

[16] 田艳平, 王佳. 城市化对城乡基础教育投入均等化的影响 [J]. 中国人口·资源与环境, 2014 (9): 147 - 155.

[17] 王小鲁. 中国经济增长的可持续性与制度变革 [J]. 经济研究, 2000 (7): 3 - 15.

[18] 王正惠, 张乐天. 新中国成立以来城乡教育政策的嬗变与反思 [J]. 当代教育科学, 2013 (6): 3 - 6.

[19] 文军, 顾楚丹. 基础教育资源分配的城乡差异及其社会后果——基于中国教育统计数据的分析 [J]. 华东师范大学学报 (教育科学版), 2017 (2): 33 - 42.

[20] 姚先国, 张海峰. 教育、人力资本与地区经济差异 [J]. 经济研究, 2008 (5): 47 - 57.

[21] 张家军, 杨浩强. 我国教育政策的城乡差异及其伦理反思 [J]. 教育理论与实践, 2012 (19): 16 - 20.

[22] 周海银. 我国区域基础教育资源配置对新型城镇化影响的实证研究 [J]. 西北师范大学学报 (社会科学版), 2016 (2): 93 - 98.

[23] 周其仁. 农地产权与征地制度——中国城市化面临的重大选择 [J]. 经济学 (季刊), 2004 (4): 197 - 214.

4

城镇化进程中城乡基础教育
非均衡发展的效应分析

基于第 3 章对城镇化发展与城乡基础教育的发展历程、相互影响关系及城乡基础教育非均衡发展具体表现的相关分析发现，城镇化背景下城乡基础教育的非均衡发展会产生一定程度的经济效应。本章将基于中国省际面板数据实证考察城乡基础教育非均衡发展的人力资本效应、收入分配效应、经济增长效应。

4.1 城乡基础教育非均衡的人力资本效应

4.1.1 文献综述

关于教育与人力资本的关系研究。卢卡斯（Lucas，1988）基于人力资本积累的世代交叠理论和人力资本形成的"干中学"理论构建人力资本型经济增长模型，论证了人力资本对经济可持续性的重要作用，以及政府公共教育投入、科学技术投入等非生产性支出对实现经济增长的贡献。阿扎利艾迪和德拉赞（Azariadis，Drazen，1990）基于卢卡斯（Lucas）的人力资本积累的世代交叠理论，分析教育过程中当人力资本存量具有正向外部效应时人力资本对经济增长的两种或两种以上的均衡作用：一是初始人力资本较少时（no-training equilibrium），教育投入的边际回报率较低，其教育投入小于物质产品的生产，人力资本积累的增长缓慢未能有效地促进经济增长，经济增长出现停滞的状态；二是人力资本储备充裕时，教育投入的边际回报率较高，持续增加的教育投入将远远超过物质产品的生产，经济增长将处于一个稳定均衡的增长路径。内尔森和费尔普斯（Nelson & Phelps，1996）建立的增长模型主要增加了政府教育投入对个人能力水平提高的研究，认为人力资本存量在很大程度上驱动了一国经济增长，是决定一国创新能力的关键因素，因此国家之间经济增长差距的形成主要源于各国差异性人力资本存量水平，政府通过加大对教育的投入水平可以有效地增强该国人力资本。皮特·C·兰格萨斯（Peter C. Rangazas，1996）摒弃了传统的人力资本代际无损耗继承的假设，基于阿扎利艾迪和德拉赞（Azariadis & Drazen，1990）和阿赛莫格卢（Acemoglu，1994）关于人力资本的相关理论，提出年轻个体年老后将与生产企业随机匹配的假设，认为在不考虑人力资本形成过程中"阀值外部性"的问题时，人力资本积累不可能无限增加，反而会出现停滞的状况，政府部门实施关于促进人力资本积累的教育政策和 R&D 融资规模的进一步扩大将会使人力资本积累摆脱停滞的状态。伊丽莎白·J·詹森和安·L·欧文（Elizabeth J. Jensen & Ann L. Owen，2000）通过对低收入国家和高收入国家的人力资本水平的实证考察发现，低收入国家和高收入国家的政府公共教育投入的效应相异，其中低收入国家的教育经费投入和人力资本积累具有强制性的转移特征，相对于其他政府投入，较高的公共教育经费投入使低收入国家的人力资本积累水平在短期和中期内出现下降的情形。M. 费尔蒂希等（M. Fertig et al.，2009）将人力资本划分为先天认知能力、后天认知能力和健康人力资本三个部分，具有传递作用的人力资本主要包括认识人力资本和健康人力资本，而教育是提高认知能力的最重要途径。杨超、吴蓓蓓（2008）认为教育是人力资本形成的重要途径之一，其中家庭和政府是教育投资的主体，家庭教育投资决策主要基于父母终身效用最大化原则，政府教育投资主要基于社会效用最大化原则；同时还基于阿扎艾迪和德拉赞（Azariadis & Drazen）的分析框架内，分析了我国义务教育经费投入对人力资本形成的贡献程度，认为在我国经济高速增长的过程中，义务教育经费投入对即期人力资本的贡献具有一定的时滞性，即随着义务教育经费投入规模的扩大而人力资本的形成和积累却不能实现相应扩大，政府义务教育投入的效率配置较低。钱雪亚等（2014）利用 2007～2011 年的中国省级面板数据，建立了教育投入与人力资本积累效率的随机前沿教育生产函数模型，通过比较公共教育投入与私人教育投入在不同人力资本积累领域的效率，发现公共教育投入在基础人力资本积累领域的效率更高，而在专业人力资本积累领域的效率低于私人教育投入，应基于"公共"目标导向和市场效率目标导向合理配置教育投入资源，以实现教育投入的高效率。王骏、刘泽云（2015）基于中国 2005 年1% 人口抽样调查数据，采用相对教育位置方法，比较分析职业生涯不同阶段中国教育对不同性别在城镇劳动力市场上的功能，实证结果表明，在职业生涯早期，教育对城镇劳动力具有人力资本提升的功能和发送信号的功能，而在职业生涯中后期，教育只对男性劳动力具有人力资本提升的功能，对女性劳动力仍然具有双重功能。梁军（2016）基于 1978～2014 年中国的时间序列数据，建立了教育对经济增长影响的 VAR 模型，实证估计教育发展对中国经济增长的贡献率，认为教育通过人力资本积累，促进了一国经济长期增长。因此，应全面提升教育发展水平，提高人力资本积累质量，从而提高教育发展对经济增长的贡献率。

关于城乡教育与城乡人力资本水平的关系研究。张玉林（2003）实证考察了1986～2000年城乡教育分割制度下城乡教育的差距问题，认为"分级办学"式的义务教育经费投入责任主要由农村和农民承担，造成了农村和农民沉重的负担，并带来农村人力资本水平长期滞后于城镇，城乡人力资本水平差距不断延续与扩大。刘云忠、徐映梅（2007）基于1990～2005年中国的时间序列数据，采用协整分析法实证考察了我国城乡教育投入与城乡人力资本水平差距的关系，结果表明两者之间存在长期的均衡关系，其中当期城乡教育投入差距每扩大1%将导致城乡人力资本差距扩大约4个百分点。霍丽（2008）基于城乡二元经济差异分析中国城市居民与农村居民的人力资本差异，认为农村居民在教育、培训、健康、迁移等方面的不公平待遇，使农村人力资本存量严重不足，并且有限的农村人力资本缺乏与之匹配的基本条件使其未能充分正向效应，严重制约了农村经济的发展。陈斌开等（2010）通过对政府教育投入影响城乡收入差距的作用机制分析，并实证考察了教育人力资本差距对城乡收入差距形成的贡献程度，构建了包括消费者、厂商、政府和教育部门的四部门理论模型分析城乡教育人力资本差异的影响因素，发现教育经费投入政策的城市偏向是导致城乡教育人力资本差异的重要决定因素。

4.1.2 城镇化进程城乡基础教育非均衡影响城乡人力资本差距的理论分析框架

（1）城乡基础教育非均衡影响城乡人力资本差距的作用机理。

①城乡家庭教育差距对城乡人力资本差距的影响。首先，从城

乡家庭教育差距来看，城镇家庭适龄儿童享有质量更优的家庭教育，更有利于城镇人力资本的形成。家庭教育对人力资本的形成主要表现在两个方面：一是父辈的受教育水平对子女教育人力资本形成的影响。城镇地区父辈受教育水平较高的家庭的孩子享有更好的营养条件及学习、居住环境，能够获得更多的优质教育资源，学习环境优越，学习竞争力相对容易提高，最终其受教育程度更高；同时，受教育水平越高的父辈具有更高的生命预期，拥有更强的受教育意愿和教育投资意愿，也更注重子代的教育，并将重视教育的理念代代传递，实现教育的代际传递。二是城镇地区父辈的受教育水平对子女健康人力资本形成的影响。受教育水平越高的父辈往往收入水平越高，其对健康、营养、医疗等方面的投资面临更为宽松的预算约束，不仅为自己也更容易为子代的健康创造一个健康舒适的生活环境。因此，城镇居民良好的家庭教育为其子女人力资本的形成奠定了良好的基础，使其具有优于农村家庭子女的各项初步能力，并且城镇家庭子女的人力资本增长速度一般高于农村家庭子女的人力资本增长速度。

②城乡正规教育差距对城乡人力资本差距的影响。正规教育可分为初等教育、中等教育和高等教育。其中城乡初等教育和中等教育的差距将带来城乡初等教育和中等教育阶段学生知识存量的差异，在文化知识掌握、学习技能方面的能力差异，不仅影响城乡人力资本存量的差距还会导致城乡人力资本增长速度的差距。并且城乡初等教育、中等教育质量还将通过教育的扩展带来更大的差距，如高等教育阶段文化层次、专业技能等方面上升到一个更高层次，思维方式和学习技术等方面的专业化学习使城乡人力资本积累的速度呈现相异的状况。

（2）基础教育与人力资本关系的理论模型构建。假定经济中每个人的生命周期仅包括幼年（t=1）和成年（t=2）；成年期才开始生育一个子女；社会总人口恒定不变；居民成年时期的消费（c）满足其自身的效用（u），根据边际效用递减规律，$u'(c) > 0$，$u''(c) < 0$。教育投资的回报具有时滞性，一般滞后 1 期才显现出来。如果居民在子女幼年时期为子女的教育水平 e 需要支付的教育成本为 m，$m = m(e)$，且 $m'(e) > 0$，$m''(e) > 0$。居民在成年时期的收入 y 是其教育水平 e 的增函数，令 $y = \theta e$，$\theta > 0$ 表示居民受教育回报率。并且假设 $\theta \sim N(\mu, \Omega^2)$，$\mu$ 为均值，Ω^2 表示为方差。

假定教育的成本函数为：

$$m(e) = \frac{1}{2}\delta e^2 \qquad\qquad (4-1)$$

其中，δ 为大于 0 的常数。

假定居民 i 在幼年时期拥有的初始禀赋为 ϖ_i，既可以通过储蓄成为下一时期的消费，又可以成为教育投资；整个社会的初始禀赋 ϖ 的分布函数为 $F = G(\varpi)$，$\varpi = G^{-1}(F)$。

则第 1 期居民的预算约束为：

$$m(e) + s = \varpi + g \qquad\qquad (4-2)$$

其中，s、g 分别代表储蓄与政府的基础教育投入，$s \geq 0$。

政府基础教育投入资金主要来自于对成年人的征税取得的收入 T。则第 2 期居民的预算约束为：

$$c = y + (1+r)s - T \qquad\qquad (4-3)$$

其中，c 包括自身消费及留给子女的馈赠，r 为税率。

设居民的效用函数为：

$$u(c) = -\exp(-\sigma c) \qquad\qquad (4-4)$$

其中，$u' > 0$，$u'' < 0$。

由于教育投入的回报率并不确定，居民的消费也具有不确定性。我们将不确定性消费的确定性等价设为 c_E，即：

$$u(c_E) = Eu(c) \qquad\qquad (4-5)$$

结合式（4-3）、式（4-4）及居民消费函数的性质，存在：

$$c_E \approx E(c) - \frac{\sigma}{2} Var(c) \qquad (4-6)$$

则居民最适的教育投资为：

$$\max_e c_E = E(y-T) + (1+r)[\varpi + g - m(e)] - \frac{\sigma}{2} Var(y-T) \qquad (4-7)$$

当政府进行基础教育投资时，通过征税为基础教育进行融资。由于政府征税存在超额负担，假定政府每征收入 1 单位税收收入会产生 b 单位的效率损失，令 $0 < b < 1$。

由于政府预算要保持跨期平衡，因此存在：

$$\sum_i (1-b)T_i = (1+r)\sum_i g_i \qquad (4-8)$$

其中，$T_i = ty_i$。

由于政府对每个居民的基础教育投资相同，则有：

$$\sum_i g_i = Ng \qquad (4-9)$$

其中，N 为接受基础教育的幼年时期人数。

将 $T_i = ty_i$ 代入式（4-7），可以得到居民的确定性等价为：

$$c_E = \mu(1-t)e_i - \frac{1}{2}[(1+r)\delta + (1-t)^2\Omega^2\sigma]e_i^2 + (1+r)(\varpi_i + g) \qquad (4-10)$$

其中，$e_i = e$，表示每个居民选择的基础教育水平相同。

政府跨期预算平衡使得：

$$Ng = \frac{1-b}{1=r}\sum_i t\theta_i e_i = \frac{1-b}{1=r}t\sum_i \theta_i e_i = N\frac{1-b}{1=r}t\mu e \qquad (4-11)$$

对式（4-11）简化，则有：

$$g = \frac{1-b}{1+r}t\mu e \qquad (4-12)$$

假设每个居民的基础教育投资、教育水平和预算收入均相同，则居民在基础教育方面的决策目标式（4-10）转化为：

$$\max c_E = (1-bt)\mu e - \frac{1}{2}[(1+r)\delta + (1-t)^2\Omega^2\sigma]e^2 + (1+r)\varpi$$

$$(4-13)$$

对式（4-13）一阶求导，则得居民的教育水平（人力资本水平）为：

$$e^{\cdots} = \frac{(1-bt)\mu}{(1+r)\delta + (1-t)^2\Omega^2\sigma} \qquad (4-14)$$

记 $t^\bullet = [(2-b)\Omega^2\sigma - b(1+r)\delta]/(\Omega^2\sigma)$，则当 $0 < t < t^\bullet$ 时，$e^{\cdots} > e^\bullet$，即基础教育投资提高了全社会的人力资本水平。

4.1.3 计量模型与数据来源

（1）计量模型的选择。根据基础教育投入与全社会人力资本水平理论模型的构建分析显示，基础教育投入提高了全社会的人力资本水平，本部分的计量模型主要用于实证检验城乡基础教育投入差距是否有利于缩小城乡社会人力资本水平的差距，拟建立的计量方程如下：

$$hc_{it} = \alpha_{it} + \beta1_{it}edu1_{it} + \beta2_{it}edu2_{it} + u_{it} \qquad (4-15)$$

其中，i 表示横截面样本，代表中国的 30 个省、自治区和直辖市，i = 1，2，…，30；t 代表时期，α_{it} 为常数项，表示时间效应，其可分解为总体效应（α）、个体截面效应（δ_i）和个体时期效应（η_t）构成；$\beta1_{it}$、$\beta2_{it}$ 分别为不同参数向量。则计量方程式（4-15）可以进一步表示为：

$$hc_{it} = \alpha + \delta_i + \eta_t + \beta1_{it}edu1_{it} + \beta2_{it}edu2_{it} + u_{it} \qquad (4-16)$$

hc_{it} 表示 t 时期 i 省的城乡人力资本水平差距，$edu1_{it}$、$edu2_{it}$ 分别

表示 t 时期 i 省的城乡小学公共教育投入差距、城乡初中公共教育投入差距。

（2）数据来源及说明。对于被解释变量，城乡人力资本差距（hc）用城、乡居民平均受教育年限差距衡量，即城镇居民平均受教育年限与农村居民平均受教育年限之比。居民平均受教育年限的衡量采用通常的方法，即平均受教育年限 =（小学文化程度的人口 ×6 + 初中文化程度的人口 ×9 + 高中文化程度的人口 ×12 + 大学专科及以上文化程度的人口 ×16）/6 岁及以上人口。其中，城市居民包括城镇居民。

对于解释变量，本部分计量分析拟采用城乡小学公共教育投入差距（edu1）、城乡初中公共教育投入差距（edu2）分别衡量基础教育不同时期的公共教育投入差距。其中公共教育投入用政府预算内生均教育支出表示，即政府预算内教育支出/在校学生数。由于在历年《中国教育经费统计年鉴》中的预算内经费数据和《中国教育统计年鉴》中的在校学生数据中并没有直接给出城市小学、初中的政府预算内教育经费数据及相应的在校学生数据，在统计城市小学和初中的相关数据时需要分别将小学（初中）政府预算内教育总支出 - 农村小学（农村初中）政府预算内教育支出得到城镇小学（初中）的政府预算内教育支出，小学（初中）在校学生数 - 农村小学（初中）在校学生数得到城镇小学（初中）在校学生数。其中城市相关数据包括城镇相关数据。

本部分数据主要源于历年《中国教育经费统计年鉴》和《中国教育统计年鉴》。2005 年《义务教育法》明确了中央及地方政府公平配置义务教育资源的责任，在样本选取区间方面，本部分重点考察自政府义务教育资源城乡公平配置职责明确以来，我国城乡基础教育差距对城乡人力资本差距的影响，并结合数据的可得性将数据选取区间确定为 2005 ~ 2014 年。主要变量的描述性统计（如表 4 - 1 所示）。

表 4 – 1　　　　城乡基础教育差距对城乡人力资本差距影响的
主要变量描述性统计

变量	观察值	均值	标准差	最大值	最小值
hc	300	1.321349	0.089733	1.806148	1.138458
edu1	300	0.442381	0.256242	1.271150	0.015459
edu2	300	0.202690	0.182288	1.040605	0.002246

4.1.4　实证分析

（1）城乡基础教育差距对城乡人力资本差距影响的面板单位根
检验。使用面板数据进行回归要求各变量必须是平稳的，否则将导
致"虚假回归"的结果（回归系数有偏）。因此，首先对回归残差
进行单位根检验以判断各变量的平稳性。

对面板数据 AR(1) 过程：

$$y_{it} = \rho_i y_{it-1} + x'_{it}\delta_i + u_{it} \qquad (4-17)$$

其中，ρ_i 为自回归系数，u_{it} 为随机误差项，满足独立同分布
假设。

当 $|\rho_i| < 1$ 时，对应的序列 y_i 为平稳序列；当 $|\rho_i| = 1$ 时，对
应的序列 y_i 为非平稳序列。对参数 ρ_i 的检验主要采取两种单位根
检验方法：一是相同根情形下的单位根检验，如 LLC 检验、Brei-
tung 检验、Hadri 检验；二是不同根情形下的单位根检验，如 Im -
Pesaran - Skin 检验、Fisher - ADF 检验、Fisher - PP 检验。

本部分对城乡基础教育差距对城乡人力资本差距影响的面板单
位根检验主要采取 LLC 检验、Hadri 检验、Im - Pesaran - Skin 检验、
Fisher - ADF 检验、Fisher - PP 检验五种检验方法，具体检验结果如
表 4 - 2 所示。

表4-2　　　　城乡基础教育差距对城乡人力资本差距影响的
面板单位根检验结果

变量	LLC	IPS	ADF – Fish	PP – Fish	Hadri	结论
hc	– 7.34283 (0.0000)	– 1.16888 (0.1212)	81.4308 (0.0342)	93.1500 (0.0039)	1.85233 (0.1320)	不平稳
edu1	– 3.73241 (0.0001)	2.22267 (0.9869)	55.7117 (0.633)	48.1109 (0.8653)	10.1580 (0.0000)	不平稳
edu2	– 87.2903 (0.2300)	– 10.6421 (0.4620)	130.934 (0.67000)	149.499 (0.01360)	9.41427 (0.0000)	不平稳
Δhc	– 14.3641 (0.0000)	– 7.04712 (0.0000)	170.452 (0.0000)	194.799 (0.0000)	8.50017 (0.0000)	平稳
Δedu1	– 17.1745 (0.0000)	– 7.16018 (0.0000)	173.323 (0.0000)	218.489 (0.0000)	6.36245 (0.0000)	平稳
Δedu2	– 83.7016 (0.0000)	– 16.7993 (0.0000)	184.880 (0.0000)	185.968 (0.0000)	7.69436 (0.0000)	平稳

注："Δ"表示一阶差分；圆括号内是统计量对应的 p 值。

根据对城乡基础教育差距对城乡人力资本差距影响的面板单位根检验结果显示，hc、edu1、edu2 序列均为非平稳序列，但经过一阶差分后，均为平稳序列。因此，被解释变量与各个解释变量均是 I(1) 过程，可进一步进行面板协整检验，验证是否存在长期均衡关系。

（2）城乡基础教育差距对城乡人力资本差距影响的面板协整检验。对面板数据的协整检验方法主要有两种：一种主要基于恩格尔 - 格兰杰（Engle & Granger）二步法的 Pedroni 检验法和 Kao 检验法；一种是基于乔翰森（Johansen）协整检验的面板协整检验法。其中 Pedroni 检验法以协整方程的回归残差为基础构造了 7 个统计量验证面板变量之间的协整关系进行组内检验、组间检验，分别检验同质面板数据的协整关系、异质面板数据的协整关系。Kao 检验在恩格尔 - 格兰杰（Engle & Granger）二步法的第一阶段将回归方程设定为每一个截面个体有不同的截距项和相同的系数，在第二阶段基于 DF 检验和 ADF 检验原理对第一阶段所求得的残差序列进行平衡性检验。原假设为"面板变量之间不存在协整关系"。乔翰森（Johansen）面板协整检验法通过对各截面个体进行单位的乔翰森（Johansen）协整检验结果，然后利用菲舍尔（Fisher）的结论获得相应于面板数据协整检验的统计量，如果无法拒绝"存在相应个数协整向量"的原假设，则被检验的面板数据存在相应个数的协整向量。

本部分对 hc、edu1、edu2 变量数据的协整检验方法采用 Pedroni 检验法和 Kao 检验法，检验结果如表 4 - 3 所示。

表 4 - 3　　城乡基础教育差距对城乡人力资本差距影响的面板协整检验结果

检验方法	统计量	Statistic	P
Pedroni	Panel v - Statistic	- 0.6632	0.7464
	Panel rho - Statistic	1.8742	0.9695
	Panel PP - Statistic	- 2.8874	0.0019
	Panel ADF - Statistic	- 5.2875	0.0000
	Group rho - Statistic	4.1848	1.0000
	Group PP - Statistic	- 5.8909	0.0000
	Group ADF - Statistic	- 5.6513	0.0000
Kao	ADF	- 8.2598	0.0000

根据表 4 - 3 的协整检验结果显示，除了维度内的 Panel v - Statistic 统计量、Panel rho - Statistic 统计量，以及维度间的 Group rho - Statistic 统计量未在 5% 的显著性水平上拒绝"不存在协整关系"的原假设，其余的维度内统计量和维度间统计量均通过了 5% 的显著

水平。佩德罗尼（Pedroni，1999）曾指出在小样本的面板数据计量分析时，Panel v - Statistic 和 Group rho - Statistic 的检验效果较差。而本部分的时间跨度为 2005～2014 年（T = 10），因此在采用佩德罗尼（Pedroni）协整检验法时主要参考 Panel PP - Statistic、Panel ADF - Statistic、Group PP - Statistic、Group ADF - Statistic 统计量的检验结果。佩德罗尼（Pedroni）协整检验结果表明该 4 个统计量均通过了 5% 的显著性水平，拒绝"不存在协整关系"的原假设，各变量之间存在协整关系。并且 Kao 协整检验结果显示，Kao - ADF 统计量的 t 值为 - 8.2598，p 值为 0.0000，表明在 1% 的显著性水平上拒绝协整不存在关系的原假设，进一步证明各变量间协整关系的存在。因此，可对 hc、edu1、edu2 变量建立面板数据模型，对各系数进行参数估计。

（3）城乡基础教育差距与城乡人力资本差距的面板数据模型检验。一般地，Panel Data 模型的类型有 3 类：无个体影响的不变参数系数模型、变截距模型、含有个体影响的变参数模型。对 Panel Data 模型类型选择，主要采取协方差分析检验法检验样本数据中被解释变量的参数，避免模型设定的偏差。

分析计算 3 种形式模型中回归统计量的相应残差平方和 S1、S2、S3；计算 F2 统计量、F1 统计量，$F_2 = \dfrac{(S_3 - S_1)/[(N-1)(k+1)]}{S_1/[N(T-k-1)]} \sim F[(N-1)(k+1), N(T-k-1)]$，$F_1 = \dfrac{(S_2 - S_1)/[(N-1)k]}{S_1/[N(T-k-1)]} \sim F[(N-1)k, N(T-k-1)]$，其中，N = 30，k = 4，T = 10。然后，利用函数 @ qfdist(d, k1, k2) 得到 F 分布的临界值，其中，d 是临界点，k1 和 k2 是自由度。在给定 5% 的显著性水平下（d = 0.95），得到 F2 统计量、F1 统计量相应的临界值。城乡基础教育差距对城乡人力资本差距影响的 Panel Data 模型设定检验结果如表 4 - 4 所示。

表 4 - 4 城乡基础教育差距对城乡人力资本影响的模型设定检验

	残差平方和（S）	F 统计量	F 统计量临界值*	结论
不变参数模型	2.187			接收
固定影响模型	1.527	F1 = 0.266 F2 = 0.616	F1 临界值：1.337 F2 临界值：1.325	拒绝
变系数模型	2.187			拒绝

注："＊"指给定的 5% 显著水平。

由表 4 - 4 可知，统计量 F2 的值（0.616）在给定 5% 的显著水平上小于相应的临界值（1.325），统计量 F1 的值（0.266）在给定 5% 的显著水平上小于相应的临界值（1.337）因此，城乡基础教育差距对城乡人力资本差距影响的 Panel Data 模型形式应为不变参数模型。该模型的回归估计结果如表 4 - 5 所示。

表 4 - 5 城乡基础教育差距对城乡人力资本差距影响的计量模型估计

变量	系数	标准误	t 统计量	P 值
c	1.308208	0.010061	130.0233	0.0000
edu1	0.066251	0.03078	2.152396	0.0322
edu2	0.209426	0.043267	4.84028	0.0000

R - squared	0.891671	Mean dependent var	1.321349
Adjusted R - squared	0.885555	S. D. dependent var	0.089733
S. E. of regression	0.085808	Akaike info criterion	2.063452
Sum squared resid	2.186831	Schwarz criterion	2.026414
Log likelihood	312.5178	Hannan - Quinn criter.	2.048629
F - statistic	14.98707	Durbin - Watson stat	1.442165
Prob（F - statistic）		0.000001	

由表 4 - 5 城乡基础教育差距对城乡人力资本差距影响的计量模型估计结果可知变量 hc、edu1、edu2 的计量模型如下:

$$hc_{it} = 1.308208 + 0.066251 \times edu1_{it} + 0.209426 \times edu2_{it}$$

$$(4 - 18)$$

从表 4 - 5 的估计结果来看,基于不变系数面板模型的回归拟合较好,拟合优度为 89.17%;F 统计量值为 14.98707,其伴随概率 P 为 0.000001,以及常数 C、变量 edu1、edu2 三个变量的伴随概率值分别为 0.0000、0.0322、0.0000,这说明各变量对模型的设定有显著影响;从模型解释变量 edu1、edu2 的系数来看,分别为 0.066251、0.209426,表明城乡小学教育政府投入差距相较于城乡初中教育政府投入差距对城乡人力资本形成的差距影响相对较小。

4.2 城乡基础教育非均衡的收入分配效应

4.2.1 文献综述

关于城镇化与城乡居民收入差距关系的理论研究方面,诺贝尔经济学奖得主阿瑟·刘易斯(Arthur Lewis,1954)指出在发展中国家存在经济发达部门(城市)和经济落后部门(农村),生产效率高的城市地区通过不断扩张,吸引生产效率较低的农村地区劳动力不断地向城市迁移实现城市化水平的提高,可以缩小城乡二元经济社会城乡居民的收入差距,并且这种迁移过程将一直持续到城乡二元经济结束。而 20 世纪 70 年代 S·罗宾逊(S. Robinson)在库兹涅茨关于收入分配的著名"倒 U 假说"基础上,通过建立二元经济框架分析城镇化与城乡居民收入差距之间的关系，提出了城乡收入差距的变化与城镇化进程无关的假设。腾田昌久（2011）指出，虽然通过城市化水平的提高可以促进传统农业部门和现代工业部门生产效率的提高，同时提升两大部门居民的福利水平，但是由于现代工业部门具有较强的聚集效应，通过人口、工业企业等生产要素的聚集加速了现代工业部门的发展，而传统农业部门的发展速度并未同步跟进，从而导致两大部门居民的福利增长幅度相异，收入差距会进一步扩大。王朝阳、马文武（2014）首先从数量与质量两个维度阐述了城镇化的丰富内涵，其中数量（或速度）型城镇化是最低层次的发展状态，质量型城镇化是高层次的发展状态，是"以人为本"的城乡居民共享经济社会发展成果的新型城镇化，具有城乡一体、产业结构优化、集约增长、生态安全、资源节约、和谐发展等基本特征，质量型的城镇化需要通过加大教育投资，提高农村劳动者素质，来缩小城乡劳动力素质差距。关于城镇化与城乡收入差距之间的实证研究方面，林毅夫、刘明兴（2003）基于中国 28 个省 1981～1997 年的面板数据，采用地区固定效应方法建立了中国的经济增长与城乡居民收入分配的计量模型，分析结果表明导致城乡居民收入差距不断扩大的原因除了政府相关政策外，城市化进程亦是其重要的现实动因。陆铭和陈钊（2004）基于 1987～2001 年中国 29 个省际面板数据，采用回归分析法实证考察了城市化、其他经济政策等控制变量对城乡收入差距的影响程度，认为相对于多数经济政策具有明显的收入差距扩大效应，城市化进程的城乡收入差距缩小效应并不明显，从而使城乡收入差距整体上呈扩大的趋势。程开明、李金昌（2007）基于城市偏向、城市化与城乡收入差距的理论分析框架，同时利用 1978～2004 年的时间序列数据，建立相应的向量自回归模型实证考察城市偏向政策、城市化进程与城乡收入的长期均衡与短期均衡，结果表明城市偏向与城市化均对城乡收入差距形成正向的冲击效应。孙永强（2012）基于二元分析框架，分析了金融发展、城市化与城乡居民收入差距的作用机制，建立了相应的理论模型，同时建立了向量误差修正模型实证考察三者之间的关系，结果表明城市化有利于城乡收入差距的缩小，但是由于城市人口存在最适规模导致其作用递减。

关于城乡教育与城乡收入差距之间关系的研究。黄祖辉等（2003）基于1993～2001年中国各省时间序列数据，从转移性收入角度采用GE指数分析探寻城乡收入不平等的影响因素，认为现阶段的转移性收入加剧了城乡居民收入的不平等，究其原因主要在于城乡分割、歧视性教育、医疗、住房、就业等政策。白雪梅、吕光明（2004）认为教育不平等对收入不平等存在着负相关或正相关的关系，其中对于经济发达国家而言，随着教育的扩展，教育受益率不断提高，教育不平等程度下降，再加上发达国家完善的劳动力市场，从而会缩小收入不平等程度；对于经济落后国家而言，教育的扩展会进一步扩大教育不平等程度，而在欠完备的劳动力市场，教育对收入的平等化作用将会弱化。郭剑雄（2005）基于技术内生视角构建人力资本、生育率与城乡收入差距的分析框架，并且运用实证分析法考察了我国城乡收入差距的主要原因，认为相对于城市地区，我国农村地区的人力资本积累率较低而生育率较高使农村地区处于"马尔萨斯稳态"，是造成农村地区收入增长缓慢的根本原因，应将城乡教育结构的调整作为调节城乡收入差距的着力点，同时配套城市化政策。刘文忻、卢云航（2006）利用1987～2003年中国省际面板数据建立了要素积累、政府政策与我国城乡收入差距的面板数据回归计量模型，实证结果表明改革以来城市倾向的政策使城乡要素集聚存在显著差异，再加上市场机制的作用，使城乡差距自然扩大。而城乡基础教育资源的均衡分配和基础教育的普及有利于城乡收入差距的缩小。张海峰（2006）基于内生增长生产函数，建

立教育差距对收入差距影响的回归方程，同时利用中国 1997～2003
年省际混合面板数据进一步考察教育差距对城乡收入差距的效应，
认为随着市场化改革，城乡教育差距对城乡收入差距的影响将显著
增强，教育不平等是城乡收入差距的最主要原因。温娇秀（2007）
通过内生收入函数模型的构建，采用固定效应回归分析法考察 1997～
2005 年中国城乡收入差距扩大的影响因素，发现城乡教育差距每扩
大 1% 将使城乡收入差距提高 6.41%，城乡教育差距成为影响城乡
收入差距长期变动的最主要原因。陈斌开等（2010）基于 CHIP 数
据，一方面利用 Oaxaca - Binder 法分解中国城乡收入差距的影响因
素，发现城乡教育差距对城乡收入差距形成的贡献率高达 43.92%；
另一方面构建包括教育部门在内的四部门微观理论模型，分析教育
经费投入政策对城乡教育差距与城乡收入差距的影响机制，认为城
市偏向的教育政策直接导致城乡教育部门的投入质量差距扩大，进
而带来差异性的城乡居民人力资本投资回报水平，从而导致更为严
重的城乡收入差距。冯云、王维国（2011）利用 1995～2008 年中
国 31 个省际数据，建立了教育投入差距与地区居民收入差距的计量
模型，采用曼特尔（Mantel）相关分析法和空间计量分析法考察城
乡教育发展程度对城乡居民收入差距的影响，发现教育投入差距是
造成我国城乡居民收入差距扩大的主要原因，应保障城乡教育公平
解决城乡教育发展不均衡问题。杨德才（2012）认为在城乡二元经
济社会中，城乡人力资本存在二元性的投资与收入，并成为导致城
乡收入差距过大的重要因素，应加大对农村地区人力资本投入的倾
斜，促进农村人力资本水平的提高，加快农村地区经济发展，增加
农民收入，从而缩小城乡收入差距。

4.2.2 城镇化进程中城乡基础教育非均衡影响城乡居民收入差距的理论分析框架

（1）城乡基础教育非均衡对城乡居民收入差距的作用机制。

①城乡基础教育非均衡导致城乡人力资本积累差距的形成，影响城乡居民生产能力和配置能力差距，并且通过城乡教育的扩展带来不断扩大的城乡收入差距。通过城乡基础教育政府投入规模的增加，促进城乡人力资本总体水平不断提高，将导致知识、技能等要素在国民收入中的相对份额不断增加，而资金、财产等因素在国民收入中的相对份额不断减少，从而使城乡收入趋于平等化。但是，城乡基础教育资源配置的"城市倾向"，使城市拥有更高水平的生产能力和更有效的资源配置能力，从而使城乡居民在生产过程中存在相异的产出增加能力，最终使城乡人力资本投资收益率具有明显的差异性。

根据传统人力资本理论模型，城乡教育非均衡对城乡收入不平等的影响如下：

$$\log Y_s^i = \log Y_0^i + \sum_{j=1}^{s} \log(1 + r_j^i) + u^i \qquad (4-19)$$

其中，s 表示基础教育的年限数，i = 1、2，分别代表城市、农村地区；r_j^i 分别代表城市、农村地区 j 年基础教育的收益率；u^i 分别代表城市、农村地区除基础教育外其他影响城市、农村收入的因素。对式（4-19）进一步简化形式为：

$$\log Y_s^i = y_0^i + r^i S^i + u^i \qquad (4-20)$$

假定式（4-2）中的城市、农村的 y_0 和基础教育的收益率 r 相同，分别用城市、农村地区对数收入的方差衡量城乡收入的公平程度，则将式（4-20）进一步展开如下：

$$Var(logY_s) = r^2 Var(s) + Var(u) + 2rCov(s, u) \quad (4-21)$$

从式（4-21）可以看出，当 s 与 u 无关时，Var(u) 不变时，城乡收入不平等 Var(logY_s) 与城乡教育不平等 Var(s) 线性相关。

进一步放松对 r 的假定，对式（4-20）求方差，则：

$$Var(logY_s) = \bar{r}^2 Var(s) + \bar{s}^2 Var(r) + 2\,\bar{r}\bar{s}\,Cov(r, s) + Var(u)$$

$$(4-22)$$

其中，变量的均值用变量上带一横线表示。

从式（4-22）可以看出，在其他变量不变时，城乡教育不平等会导致城乡收入更大程度上的不平等。

②城乡基础教育供给差异将导致农业部门的资本收益率偏低，农业资本大量外逃到城镇非农业部门。根据传统的新古典资本边际收益递减规律，农业部门由于资本匮乏，其资本收益率应高于资本充足的非农业部门。但是在我国，城市地区非农业部门的投资收益率远高于农村地区的农业部门，大量的农业资本或农村资本涌入到城市地区的非农业部门。究其原因在于城乡基础教育的非均衡发展导致城乡人力资本存量及积累存在明显的差异，进而影响城、乡的农业部门与非农业部门的生产效率。因此，农村的资本外逃，使农村经济的持续增长缺乏充足的资金，农业产值停滞不前，从而进一步使农村地区收入锐减，城乡收入差距进一步恶化。

③城乡基础教育的非均衡发展不利于农村转移剩余劳动力。自1978 年改革开放以来，城市化水平不断提高，农村剩余劳动力向城镇快速流动，为我国经济增长提供了充裕的劳动力。与此同时，我国城乡居民收入差距不断扩大，并且城乡劳动力流动规模与强度呈下降趋势。根据经济发展阶段理论，在经济发展初期，发展中国家的产业以劳动密集型为主，技术水平与资本含量较低，因此对原始劳动力需求旺盛，农村剩余劳动力快速流入城镇非农业部门；在经济发展较高水平阶段，随着产业结构的优化升级，发展中国家的产

业由传统劳动密集型向资本密集型、技术密集型发展,城镇非农业部门对原始劳动力的需求由数量向质量转变,更多地需要具备一定人力资本水平的熟练技术工人。而农村基础教育水平长期滞后于城市地区,将会导致农村居民人力资本低质量发展,从而使农村剩余劳动力在向城市转移过程中无法获得匹配的工作机会,因此无法顺利地实现农村剩余劳动力的转移。

④城乡基础教育差异将会使城乡居民收入在再分配过程中具有"马太效应"。由于教育发展政策的城市偏向性、人力资本投资的二元性和人力资本投资收益的二元性,会使我国农村地区享有的基础教育资源远远落后于城市地区,与此同时,农村地区居民的人均收入水平明显低于城镇居民,两者收入差距不断扩大。相对于城镇居民,收入水平更低的农村居民更加迫切需要更多、更优的基础教育、医疗等"优效品",但是却难以获得足量、优质的公共产品;而收入水平更高的城镇居民则拥有充足、优质的公共产品。拥有相异的基础教育、基础医疗等公共产品的城乡居民收入差距将进一步扩大。

(2)城乡基础教育与城乡居民收入的理论模型构建。

①理论模型假设。在二元经济社会中存在两个部门:农业部门(agriculture sector)和非农业部门(non-agriculture sector),分别存在于农村和城市。其中两大部门的劳动力 L_a、L_n 分别等于农村和城市人口,人口总规模 $L = L_a + L_n$。假定经济社会人口总规模不变,则城镇化水平 $u = L_n/L = L_n/(L_a + L_n)$;部门内部的经济主体具有同质性。

两部门厂商的生产函数为:

$$Y_a = A_a K_a L_a^{(1-\alpha)} G_a^{(1-\alpha)} \qquad (4-23)$$

$$Y_n = A_n K_n L_n^{(1-\beta)} G_n^{(1-\beta)} \qquad (4-24)$$

其中,Y、A、K、L、G 分别表示部门的产出水平、生产技术水平、资本投入水平、劳动力投入水平、教育等公共产品，A 为外生变量；a、n 代表农业部门、非农业部门；α、β 分别代表农业部门、非农业部门的资本产出弹性，其中，$0 < \alpha < 1$，$0 < \beta < 1$，$\alpha < \beta$。

假定基础教育、基础医疗等公共产品全部由政府提供，政府对这些公共产品的投资为 P，则：

$$P = P_a + P_b, \quad P = \phi Y_n, \quad \delta = P_a / P \qquad (4-25)$$

式（4-25）中，ϕ 为政府对非农业部门征税的税率；δ 为农业部门公共产品投资占比。ϕ、δ 均为外生变量。

基础教育、基础医疗等公共产品供给的稳定增长路径为：

$$\dot{G}_a = P_a = \delta P \qquad (4-26)$$

$$\dot{G}_n = P_n = (1 - \delta) P \qquad (4-27)$$

令 $\varpi = G/K$，代表基础教育、基础医疗等公共产品的充足程度，$\varpi \geqslant 0$；$k_a = K_a / L_a$，$k_n = K_n / L_n$，则生产函数式（4-23）、式（4-24）转换为：

$$Y_a = A_a k_a^{\alpha} G_a^{(1-\alpha)} \qquad (4-28)$$

$$Y_n = A_n k_n^{\beta} G_n^{(1-\beta)} \qquad (4-29)$$

两部门要素市场处于均衡状态时的劳动力市场均衡条件为：

$$w_a = f(k, G) - kf'(k, G) = A_a(1 - \alpha) k_a^{\alpha} G_a^{(1-\alpha)} \qquad (4-30)$$

$$w_n = f(k, G) - kf'(k, G) = A_n(1 - \beta) k_n^{\beta} G_n^{(1-\beta)} \qquad (4-31)$$

资本市场均衡条件为：

$$r_a = f'_a(k, G) = A_a \alpha k_a^{\alpha-1} G_a^{1-\alpha} \qquad (4-32)$$

$$r_n = f'_n(k, G) = A_n \beta k_n^{\alpha-1} G_n^{1-\beta} \qquad (4-33)$$

②理论模型的推论。

推论1：非农业部门的增长率与农业部门公共品投资比重负相关，与全部公共产品投资正相关。

推论2：农业部门人均收入增长将随着农业部门公共产品供给的增加而提高。

推论3：国家政府部门仅对非农业部门征税获得公共产品供给所需资金，如果农业部门公共产品投资占全部公共产品投资为固定比例时，农业部门的增长率将收敛于非农业部门的稳态增长率，从而城乡收入差距逐渐减少，最终趋近为零。

推论4：农业部门生产的增长率收敛于非农业部门的稳态增长率的速度与路径取决于农村初始禀赋、政府对公共产品征税的税率、农村公共投资比重等。

推论5：当城乡收入差距较大而农业部门公共产品供给不足时，政府需要对农业部门施加一个强有力的外部力量，促进农业部门公共产品的充足率超过临界点时，才能使农业部门生产增长率超过非农业部门，城乡收入差距才会最终缩小。

4.2.3　计量模型与数据来源

（1）计量经济模型构建。基于大多数关于城乡收入差距的文献分析发现，明赛尔收入函数在解释城乡收入差距的主要影响方面较为适用；同时考虑到数据的可得性情况，本部分关于城乡基础教育差距对城乡收入差距的影响分析拟建立的计量经济模型如式（4-34）所示：

$$inc_{it} = a_i + a_{1i}edu1_{it} + a_{2i}edu2_{it} + a_{3i}pgdp_{it} + a_{4i}gov_{it} + a_{5i}urb_{it} + \varepsilon_{it}$$

$$(4-34)$$

其中，inc 表示城乡居民收入差距，edu1、edu2 分别表示小学、初中阶段城乡教育差距，pgdp 表示人均 GDP 水平，gov 表示财政教育支出占比，urb 表示城镇化水平；i、t 分别表示各省及时期；a_i 为截距项，a_{1i}、a_{2i}、a_{3i}、a_{4i}、a_{5i} 为回归系数。

（2）变量及数据说明。

被解释变量：城乡居民收入差距变量（inc）用城市人均可支配

收入与农村人均纯收入之比表示。

解释变量：城乡基础教育支出差距变量（edu1、edu2）分别用城乡小学、初中教育生均预算内教育经费之比表示；人均 GDP 变量（pgdp）用人均地区生产总值表示，用地区生产总值/各区人口数换算成人均地区生产总值，并用 GDP 平减指数将名义人均地区生产总值换算成以 2005 年为基期年的实际人均地区生产总值；财政教育支出占比（gov）用各省教育事业费占该省公共预算支出的比重表示；城市化率变量（urb）用各省当年年末城镇居民人口数/全体人口数表示。

本部分数据主要源于历年《中国统计年鉴》中的"分地区城镇居民人均可支配收入""分地区农村居民人均可支配收入""分地区年末城镇人口比重"，历年《中国教育经费统计年鉴》中的"预算内经费数据"和《中国教育统计年鉴》中的"在校学生数据"。在数据的选取区间方面，2005 年《义务教育法》明确了中央及地方政府公平配置义务教育资源的责任，本部分重点考察自政府义务教育资源城乡公平配置职责明确以来我国城乡基础教育的均衡发展状况，并且根据数据的可得性将数据的选取区间确定为 2005～2014年。主要变量的描述性统计（如表 4-6 所示）。

表 4-6　　城乡基础教育差距影响城乡收入差距的
主要变量描述性统计

变量	观察值	均值	标准差	最大值	最小值
inc	300	2.953667	0.568400	4.590000	1.850000
edu1	300	0.442381	0.256242	1.271150	0.015459
edu2	300	0.202690	0.182288	1.040605	0.002246
pgdp	300	2.955621	2.134555	12.973050	0.537646

变量	观察值	均值	标准差	最大值	最小值
gov	300	0.164483	0.025487	0.222169	0.098942
urb	300	0.514300	0.143090	0.900000	0.180000

4.2.4 实证分析

（1）城乡基础教育差距对城乡收入影响的面板单位根检验。在对时序变量进行回归分析及经验检验时，首先假定该时序变量数据具有平稳性。因此，在对时序变量进行面板数据模型估计前，需要对各面板时间序列数据的平稳性进行检验。检验方法主要有两大类：一是相同根情形下的单位根检验，主要采用 LLC 检验、Breitung 检验、Hadri 检验等；二是不同根情形下的单位根检验，主要采用 Im - Pesaran - Skin 检验、Fisher - ADF 检验、Fisher - PP 检验。本部分对变量 inc、edu1、edu2、pgdp、gov、urb 分别采用 LLC、IPS、Fisher - ADF、Fisher - PP、Hadri 检验法，同时进行各变量序列相同根、不同根情形下的单位根检验。检验结果如表 4 - 7 所示。

表 4 - 7　　　　　城乡基础教育差距影响城乡收入差距的
面板单位根检验结果

变量	LLC	IPS	Fisher - ADF	Fisher - PP	Hadri	结论
inc	6.92869 （1.0000）	7.77801 （1.0000）	14.81210 （1.0000）	12.98960 （1.0000）	8.69352 （0.0000）	不平稳
edu1	- 3.73241 （0.0001）	2.22267 （0.9869）	55.71170 （0.633）	48.11090 （0.8653）	10.15800 （0.0000）	不平稳
edu2	- 87.29030 （0.2300）	- 10.64210 （0.4620）	130.93400 （0.67000）	149.49900 （0.01360）	9.41427 （0.0000）	不平稳

续表

变量	LLC	IPS	Fisher – ADF	Fisher – PP	Hadri	结论
pgdp	11.01180 (1.0000)	11.56620 (1.0000)	19.42100 (1.0000)	0.13243 (1.0000)	10.53360 (0.0000)	不平稳
gov	-26.26480 (0.6750)	-4.62360 (0.3264)	176.14900 (0.5400)	83.99150 (0.0222)	23.75710 (0.0000)	不平稳
urb	1.5E+14 (1.0000)	0.27278 (0.6075)	52.76240 (0.6698)	404.99700 (0.0000)	9.59281 (0.0000)	不平稳
Δinc	-9.67712 (0.0000)	-3.13144 (0.0000)	115.87200 (0.0000)	157.21100 (0.0000)	7.13870 (0.0000)	平稳
Δedu1	-17.17450 (0.0000)	-7.16018 (0.0000)	173.32300 (0.0000)	218.48900 (0.0000)	6.36245 (0.0000)	平稳
Δedu2	-83.70160 (0.0000)	-16.79930 (0.0000)	184.88000 (0.0000)	185.96800 (0.0000)	7.69436 (0.0000)	平稳
Δpgdp	-7.42821 (0.0000)	-1.68315 (0.0462)	76.84050 (0.0704)	120.97300 (0.0000)	7.36639 (0.0000)	平稳
Δgov	-18.84840 (0.0000)	-2.44365 (0.0073)	127.84100 (0.0000)	180.71100 (0.0000)	42.48740 (0.0000)	平稳
Δurb	3.9E+16 (0.0000)	-4.08685 (0.0000)	118.82700 (0.0000)	484.91600 (0.0000)	10.34210 (0.0000)	平稳

注："Δ"表示一阶差分；圆括号内是统计量对应的 p 值。

表 4 - 7 的单位根检验结果表明，inc、edu1、edu2、pgdp、gov、urb 序列均为非平稳序列，但经过一阶差分后，均为平稳序列。因此，被解释变量与各个解释变量均是 I(1) 过程，可进一步进行面板协整检验，验证是否存在长期均衡关系。

（2）城乡基础教育差距对城乡收入差距影响的面板协整检验。根据 inc、edu1、edu2、pgdp、gov、urb 序列的单位根检验结果，还需对其进行协整检验。具体检验方法有建立在 Engle and Granger 二步法基础上的 Pedroni 检验法、Kao 检验法和 Johansen 协整检验法。其中，Pedroni 检验法利用 Panel v - Statistic、Panel rho - Statistic、

Panel PP – Statistic、Panel ADF – Statistic 维度内统计量和、Group rho – Statistic、Group PP – Statistic、Group ADF – Statistic 维度间统计量分别对面板数据进行维度内、维度间协整检验，检验同质面板、异质面板数据的协整关系；Kao 检验法假定回归方程的系数相同而截距不同，然后根据 DF 检验和 ADF 检验验证残差序列的平稳性，主要用于同质面板数据的协整关系的检验。面板协整检验结果如表 4 – 8 所示。

表 4 – 8 　　　　城乡基础教育差距影响城乡收入差距的
面板协整检验结果

检验方法	统计量	Statistic	P
Pedroni	Panel v – Statistic	– 3.4704	0.9997
	Panel rho – Statistic	7.9427	1.0000
	Panel PP – Statistic	– 7.5349	0.0000
	Panel ADF – Statistic	– 1.9386	0.0263
	Group rho – Statistic	9.3590	1.0000
	Group PP – Statistic	– 26.7774	0.0000
	Group ADF – Statistic	– 7.6982	0.0000
Kao	ADF	– 3.3922	0.0003

根据表 4 – 8 的协整检验结果显示，除了维度内的 Panel v – Statistic 统计量、Panel rho – Statistic 统计量，以及维度间的 Group rho – Statistic 统计量未在 5% 的显著性水平上拒绝"不存在协整关系"的原假设，其余的维度内统计量和维度间统计量均通过了 5% 的显著水平。佩德罗尼（Pedroni，1999）曾指出在小样本的面板数据计量分析时，Panel v – Statistic 和 Group rho – Statistic 的检验效果较差。而本部分的时间跨度为 2005～2014 年（T = 10），因此在采用佩德罗尼（Pedroni）协整检验法时主要参考 Panel PP – Statistic、Panel ADF –

Statistic、Group PP – Statistic、Group ADF – Statistic 统计量的检验结果。佩德罗尼（Pedroni）协整检验结果表明该 4 个统计量均通过了 5% 的显著性水平，拒绝"不存在协整关系"的原假设，各变量之间存在协整关系。并且 Kao 协整检验结果显示，Kao – ADF 统计量的 t 值为 – 3.3922，p 值为 0.0000，表明在 1% 的显著性水平上拒绝不存在协整关系的原假设，进一步证明各变量间协整关系的存在。因此，可对各变量建立面板数据模型，对各系数进行参数估计。

（3）城乡基础教育差距与城乡收入差距的面板数据模型检验。面板数据（Panel Data）模型主要有无个体影响的不变参数模型、存在个体影响而无结构变化的变截距模型、有个体影响又存在结构变化的变系数模型三种。为了有效设定面板数据模型，使模型估计结果与所要模拟的经济现实相符，本书采用协方差分析检验法检验各变量参数。即利用形式设定检验方法（N = 30，k = 5，T = 10），通过构造 F_1、F_2 统计量，分别计量 F_1、F_2 统计量及其临界值。具体检验结果如表 4 – 9 所示。

表 4 – 9　　　　　城乡基础教育差距影响城乡收入差距的
面板数据模型设定检验

	残差平方和（S）	F 统计量	F 统计量临界值*	结论
不变参数模型	45.526	F1 = 3.985 F2 = 27.662	F1 临界值：1.325 F2 临界值：1.337	拒绝
固定影响模型	6.439			拒绝
变系数模型	1.107			接受

注：* 指给定的 5% 显著水平。

表 4 – 9 检验结果显示，F1 和 F2 统计量分别为 3.985、27.662，分别大于 5% 显著水平下相应的临界值 1.325、1.337。因

此，模型应采用变系数模型。

同时，采用 Hausman 检验法分析变系数模型的影响形式。根据构造的 Hausman Test 统计量（W）值，计量结果表明 W 值为23.582715，P 值为 0.0003，拒绝建立随机效应模型的原假设。因此，应对 inc、edu1、edu2、pgdp、gov、urb 变量建立固定效应影响变系数模型。

（4）城乡基础教育差距与城乡收入差距的面板数据模型估计。使用 GLS 对固定影响变系数模型进行估计，结果如式（4 - 35）所示：

$$inc_{it} = 3.296073 + a_i + a_1 edu1_{it} + a_2 edu2_{it}$$
$$+ a_3 pgdp_{it} + a_4 gov_{it} + a_5 urb_{it} \qquad (4 - 35)$$
$$t = 7.036156, \quad p = 0.0000$$

其中，反映各省 inc、edu1、edu2、pgdp、gov、urb 各系数估计结果如表 4 - 10 所示。

表 4 - 10　　　城乡基础教育差距影响城乡收入差距的
变系数模型参数估计

省域	a_i估计值	a_{1i}估计值	a_{2i}估计值	a_{3i}估计值	a_{4i}估计值	a_{5i}估计值
北京	0.352 **	0.478 *	0.337 ***	- 9.784	0.071	- 0.422 **
天津	- 2.611	0.113	1.852 ***	- 8.368	- 0.123 *	5.411
河北	- 2.535 **	0.383	1.117 **	0.398 *	- 0.623 **	7.739
山西	- 6.730	- 0.022	1.488 *	10.132 *	- 1.369 *	15.756
内蒙古	- 1.376	1.464 **	0.179	1.312 **	0.052 **	0.629
辽宁	2.198 *	- 2.987	3.449	- 0.503	0.069 *	- 4.329 **
吉林	0.106 **	0.172 **	0.804 *	0.743 *	- 0.266	- 0.477 *
黑龙江	0.859 *	- 0.823	0.626	0.848	- 0.288 *	- 1.925 *
上海	- 0.810	2.090	- 4.270	2.227 *	- 0.055 ***	- 0.128 ***
江苏	- 0.145 ***	0.923 *	1.925 *	0.545 *	- 0.078 *	- 0.724 **

续表

省域	a_i估计值	a_{1i}估计值	a_{2i}估计值	a_{3i}估计值	a_{4i}估计值	a_{5i}估计值
浙江	- 0.614	2.112 **	2.208 **	1.512 *	- 0.070 **	- 0.850 *
安徽	- 1.193 **	- 0.827	0.348 **	- 0.207 *	- 1.328 *	7.982
福建	- 5.882 *	- 0.053	- 0.256	3.572 **	- 0.608 *	12.256
江西	- 1.166 *	0.230 ***	- 0.305 **	0.491	- 0.441 *	2.585
山东	- 0.349 **	0.062 *	1.034 **	4.125 *	- 0.085 *	- 1.579 **
河南	0.375 *	0.566 **	- 1.884	- 2.141	- 0.492 *	1.572
湖北	- 0.074 *	0.262 *	0.899 ***	0.686 **	- 0.349 **	0.344
湖南	- 0.320 **	0.511 ***	1.298 *	1.210 *	- 0.276 *	0.593
广东	1.460 *	0.590 ***	- 1.823	- 1.256 *	- 0.134 **	- 1.513 ***
广西	0.946 **	- 0.676	- 6.017 *	- 13.356	- 1.996 *	14.467
海南	0.590	- 0.552	- 2.153 **	5.277 **	- 0.471 *	- 1.360 *
重庆	1.805 **	1.032 **	- 0.792 *	- 2.960	- 0.255 *	- 1.824 ***
四川	- 1.423 *	1.152 **	- 2.786	0.686 *	- 0.595 *	4.828
贵州	5.107 **	- 2.630	4.635 **	- 3.323	- 1.971 *	- 3.055 **
云南	1.263 *	- 0.372	0.269 *	6.165 *	- 1.111 **	0.331
陕西	0.248	0.593 **	- 0.636 *	1.999	- 0.691	2.726
甘肃	2.106 *	0.616	0.778 *	2.950 *	0.279	- 7.029
青海	1.345 *	0.036 **	0.325	- 1.157 **	- 0.671 *	0.995
宁夏	3.914 *	- 1.023	5.163 **	- 4.633 *	- 1.246 **	0.768
新疆	2.552 **	- 0.430	0.152 *	4.467 **	- 0.228 **	- 6.915 *
$R^2 = 0.992346$		F = 86.91589		P = 0.000000	D. W. = 2.428288	

注：*** 、** 、 *分别表示在1% 、5% 、10%的显著水平下显著。

从表4-10的回归结果来看，基于固定效应变系数面板模型的拟合优度 R^2 为0.992346，回归拟合较好；由统计量 F 值（86.91589）和其伴随概率 P 值（0.000000）来看，大多数省份城乡小学基础教育差距、城乡初中基础教育差距、人均地区生产总值、财政教育支出、城镇化水平对模型设定有显著影响。

从估计系数整体来看，各变量的变动对各省城乡收入差距的影响并不一致，但是从城乡小学教育差距（edu1）、城乡初中教育差距（edu2）的系数（a_{1i}、a_{2i}）来看，绝大多数省份城乡小学教育差距和城乡初中教育差距对城乡收入差距的扩大有正向效应；从各省人均 GDP 的系数（a_{3i}）来看，多数省份人均地区生产总值的增加并没有有力改善城乡收入差距过大的局面；从政府财政支出的系数（a_{4i}）来看，绝大多数省份财政教育支出比重的逐步增加促进了城乡收入差距的缩小；从城镇化率的系数（a_{5i}）来看，绝大多数省份城镇化水平的提高使该地区城乡收入差距不断缩小。

4.3 城乡基础教育非均衡的经济增长效应

4.3.1 文献综述

（1）关于教育与经济增长的理论研究。亚当·斯密（Adam Smith，1776）指出，"学习是一种才能，须受教育，须进学校，须做徒弟，所费不少。这样费去的资本，好多已经实现并固定在学习者的身上。这些才能，对于他个人自然是财富的一部分，对于他所属的社会，也是财富的一部分。工人增进熟练的程度，可和便利劳动、节省劳动的机器和工具同样看作是社会上的固定资本。学习的时间里，固然要花费一笔费用，但这笔费用可以得到偿还，同时也可以取得利润。"索洛（Solow，1957；1960）将教育纳入经济增长的内生变量，通过建立经济增长的生产方程，分析劳动力、资本这些传统生产要素对经济增长的贡献之外，还存在着无法解释的"索洛剩余"对经济增长的贡献，从技术进步的角度间接指出了教育对经济增长的作用。舒尔茨（1960，1975）指出，人力资本是知识、技能、健康价值的总和，主要通过学校教育投入、教育培训投入、营养及医疗保健投资等形成，其质量高低决定了一国经济增长的质量，而人力资本投资的差异将导致劳动者工资水平、社会收入分配等表现出不平衡的状态。丹尼森（1962）从要素投入、要素生产率角度比较分析经济增长的各种因素，将教育程度纳入人力资本投入范围，认为教育水平的提高促进了人力资本质量水平的提升，是一国经济增长最主要的影响因素。曼尼和罗默（Mankiw & Romer，1992）基于人力资本的内生经济增长理论，建立了知识与经济增长关系的知识积累模型，认为经济增长的驱动力是人力资本而非物质资本。荣格和托尔贝克（Jung & Thorbecker，2003）从物质资本、人力资本与经济增长的关系分析教育的经济增长效应发挥的条件，认为教育支出有利于一国经济增长，但要充分发挥其对经济增长的促进作用，不仅需要优化教育支出目标模式，还需要有充实的物质投资。

国内学者李玲（2004）认为中国教育投入对经济增长贡献率偏低的原因主要在于：一是教育投资的绝对规模和相对规模偏低；二是欠优化的教育投资结构，基础教育经费占教育总经费比重过低，教育事业费比重相对过高，西部地区教育经费不足；三是较低的教育投资效益。

（2）关于教育与经济增长的实证研究。曼尼、罗默和威尔（Mankiw、Romer & Weil，1992）通过对1985年98个国家的工人产出水平进行核算，发现人力资本对各国间经济增长差异的贡献程度为49%，平均各国人力资本的产出弹性为0.28，即各国每个工人的人力资本平均水平每提高1个百分点，将会导致这些国家的产出水平增长0.28个百分点。J·本哈比和M·M·施皮格尔

(J. Benhabib & M. M. Spiegel，1994）通过对经合组织国家的教育水平对经济增长效应的分析，发现教育水平对经济增长的作用取决于人力资本的增长率，其中初始人力资本存量每提高1个百分点将会带来经合组织国家经济增长提高1.1个百分点，而人力资本水平每增长1%将会使这些国家的经济增长率提高5.9%；并且不同国家的经济发展水平与不同教育层次的关系有关，其中发展中国家的经济增长与初等教育水平、中等教育水平存在更为密切的关系，而发达国家的经济增长则与高等教育水平紧密相连。巴罗（1993）基于1960~1985年数据，分析不同层级教育对被解释变量人均实际GDP的作用，其中以1960年为基期年，实证评估的结果显示，初等教育、中等教育对实际人均GDP的弹性系数分别为3.5%、3.0%。巴罗（1997）基于1960~1995年大约100个国家的平行数据，比较分析不同性别的学历水平与GDP的关系，结果表明成年女性的中等及高等接受教育水平与经济增长的回归系数为 - 0.004，认为许多国家可能在劳动力市场的性别歧视使女性人力资本未能有效地开发和利用。巴尔达西（Baldacci et al.，2008）基于1971~2000年118个发展中国家的截面数据，实证分析各国经济政策背景下教育支出、人力资本形成与经济增长的相互关系，研究结果表明，教育人力资本和健康人力资本对各国经济增长具有显著的积极影响。在教育不平等对经济增长的影响方面，主要存在两种观点：一是教育不平等促进了经济增长。宾勒伯（Benabou，1996）基于人力资本模型分析，短期内如果人力资本之间在国内的互补性高于国际，则不平等程度较高的人力资本会带来较高的经济增长。盖勒和泰斯顿（Galor & Tasiddon，1997）基于家庭环境对人力资本水平决定的外部性及重大的技术冲击假说，认为如果家庭环境的外部性达到一定程度时，较高程度上的人力资本不平等是欠发达国家或地区经济"起飞"的必要条件，而且在技术冲击的作用下会加快人力资本的流动，实现高素质人力资源迅速向技术先进产业集中，欠发达国家或地区的经济增长因此快速提速。二是认为教育的不平等与经济增长负相关。托马斯（Thomas，2000）基于 1960 ~ 1990 年 85 个国家的相关数据，采取构造教育基尼系数和人均受教育年限，实证考察了这些国家教育洛伦茨曲线存在的前提下，教育不平等与经济增长的关系，结果表明教育基尼系数与人均受教育年限、经济增长的关系均呈负相关。穆罕默德·A 和卡塔克·布林·A（Mechmet A. & Cardak Buly A.，2007）基于人力资本投资风险、金融风险存在的背景下实证考察了 56 个国家城乡间教育的不平等与不同国家经济增长的影响，认为在英国及其原殖民地，人力资本的投资风险相对较低，教育投资所面临的金融信贷约束较弱，城乡间的教育不平等程度较低有利于促进这类国家或地区的经济增长。

　　国内学者蔡增正（1999）基于 194 个国家和地区的数据研究教育的经济增长性质及特征，认为教育的经济增长效应具有实质性，教育对经济增长的贡献程度明显，并且教育具有突出的正向社会效应；同时，教育对经济增长的作用规律呈现先弱后强再降低的趋势，从整体来看，教育部门的生产力相对于其他经济部门而言较低。叶茂林（2002）通过建立教育系统动力学模型，对中国 1990 年、2000 年的教育与经济关系分别基于 100% 的小学升学率、72% 的初中升学率、55% 的大学入学率、35% 的研究生入学率的假定实证考察了四个方案中教育对经济增长的影响，认为教育水平的提高可以明显加快国民经济增长，教育是实现经济可持续发展的最优手段等。李玲（2004）基于 1978 ~ 1998 年中国教育投资数据与 GDP 数据分别从静态、动态角度实证考察了中国教育投资对经济增长的贡献程度，结果表明中国教育投入对经济增长的贡献率整体偏低，其中高等教育的经济增长弹性系数仅为 0.0084，基础教育的经济增长弹性系数为 0.0333。祝树金、虢娟（2008）基于 1987 ~ 2004 年的中国省际面板数据实证考察开放经济条件下我国教育支出与经济增长的关系研究，实证结果表明各地区的教育支出的正向经济增长效应具有显著性，教育支出的产出弹性高于物资资本的产出弹性，并且教育部门具有明显的技术溢出效应，使区域人力资本、技术创新、对外开放等因素有效结合，促进了我国各地区的经济增长。颜敏、王维国（2009）基于中国截面数据建立关于教育投入与经济增长的 Panel Data 模型，在估计时具体通过固定参数模型和时变参数模型考察教育投入对经济增长影响的弹性关系，实证结果表明教育投入的经济增长弹性系数显著为正，其中滞后 2 期的教育投入对当期经济增长的弹性系数为 0.1034 左右；并且进一步指出我国经济体制、经济政策、教育体制、教育政策、国内外环境变化对教育投入的经济增长弹性的影响。陈朝旭（2011）利用 1952~2009 年中国公共教育投资与宏观经济运行状态的时间序列数据，采用 Granger 因果关系检验法、脉冲响应分析法、VAR 模型分析法实证考察公共教育投资与经济增长之间的相互影响关系，结果表明公共教育投资与经济增长之间存在非对称的相互影响关系，其中公共教育投资对经济增长的影响相对较弱，公共教育投资对经济增长的作用尚未得到充分发挥。在教育不平等对经济增长的实证研究方面，王家赠（2002）基于第四次人口普查数据，回归分析各省教育基尼系数、人均受教育年限与该地区经济增长的关系，发现相对于人均受教育年限的经济增长贡献，教育基础系数对全国、各地区的经济增长贡献较为明显，其中对全国、东部地区经济增长率的贡献率分别为 -3%、29%。刘海英（2004）基于教育不平等与人均受教育年限的因果关系分析，构建了教育不均等、人力资本与经济增长质量的理论模型，认为教育基尼系数的下降带来了人力资本的均化及人力资本积累水平的提高，促进了全要素生产率的提高，最终促进了经济增长质量水平的提升。聂江（2006）关于教育基尼系数与经济增长的负相关关系的分析认为，经济发展与教育的不平等之间并不存在长期稳定性的影响关系。杨俊、李雪松（2007）从理论和实证分析了教育扩张与地区经济发展的关系，认为在我国目前的经济发展阶段，教育不平等与经济增长的倒"U"型关系并不明显；地区间教育的不平等成为影响各地区经济增长差异的重要原因。

4.3.2 城镇化进程中城乡基础教育非均衡对经济增长影响的理论模型构建

（1）作用机制。

①教育影响经济增长的微观作用机制。通过教育可以提高个人的收入能力、劳动力的流动性、劳动者的健康水平、降低出生率和儿童死亡率。其中，教育可以更好地提高个人的劳动生产率，从而使其在劳动力就业市场实现顺利就业或找到薪金水平更高的工作，有助于教育水平较高的家庭整体收入水平较高。一般而言，工人的工资水平等于其边际产品价值，由于受教育越多的工人能够在生产过程中实现更高效率的生产，其边际产品价值相应提高，因此受教育水平越多的工人相应获得越高的工资。另外，教育对经济社会还有其他间接的影响，如受教育的父辈基于成本—效益的理性决策，将会选择小规模的家庭，从而可以使其集中足够的时间和精力充分关注孩子的健康与教育情况；女性受教育水平的提高将提高其在社会生产过程中的生产能力，提高其生产报酬，增加家庭收入，从而可以为整个家庭成员提供更好的生活条件，如营养、保健、文化修养等，促进其子女的健康成长；教育还具有对劳动生产率提高的正外部效应，即接受教育的群体或个人不仅可以提高自身的劳动生产率和收入，还会通过"示范效应"对周围其他人劳动生产率和收入水平的提高产生积极的拉动作用，从而提高整体社会的劳动生产率

和收入水平。

教育差距的扩大，会使拥有不同技术水平的人力资本无法实现完全替代，影响人力资本外部效应的发挥，不利于劳动生产率的提高，进而不利于一国经济增长。

②教育影响经济增长的宏观作用机制。从宏观层面来看，影响经济增长的两大要素为人力资本和物质资本，教育通过对人力资本和物质资本的影响实现对经济增长的促进作用。一方面，通过教育提高科技研究人员的数量与质量，为一国科技水平的提高奠定重要的基础；通过职业培训提高劳动力的综合素质。另一方面，教育所带来的人力资本水平的提高，有利于物质资本的消化与吸收，充分发挥物质资本在生产过程中的作用，如新设备的投入使用，技术的创新与扩散。穆克亚米（Mukoyama，2002）基于技术扩散模型分析不同技能水平的工人对技术创新与技术扩散的不同影响，发现高技能工人率先采用新技术使用新机器，并在"干中学"和科研开发过程中进一步实现新机器质量的改进，其技术创新能力和技术扩散速度远远高于低技能工人，并且高技能工人的生产效率亦远远超过低技能工人的生产效率。

（2）理论模型（宋光辉）。主要借鉴卢卡斯（Lucas，1988）关于学校教育中学得的知识与经济增长的理论模型部分，建立基础教育对经济增长影响的理论分析模型。

假定：在一个封闭经济体中，无限期存在的代表性家庭的效用函数 u(c) 为：

$$U = \int_0^\infty u(c)e^{-\rho t}dt \qquad (4-36)$$

其中，c、ρ 分别表示人均消费、时间偏好，则消费者当期的效用函数表示为：

$$u(c) = (c^{(1-\theta)} - 1)/(1-\theta) \qquad (4-37)$$

其中，θ 为边际效用的弹性系数，令 $\theta > 0$。

假设家庭与企业的身份合一，即家庭既是生产要素的提供部门，又是产品的生产部门。则建立的 C – D 函数为：

$$y = Ak^{\beta}(\mu h)^{1-\beta}h_{\alpha}^{\gamma} \qquad (4-38)$$

其中，h 为人力资本，μ、$(1-\mu)$ 分别表示代表性家庭从事生产的时间、接受教育的时间，h_{α}、h_{α}^{γ} 分别表示平均人力资本、平均人力资本的外部效应，β、γ 为要素产出的弹性系数。

代表性家庭的预算约束决定了其资产的变动为：

$$\dot{k} = Ak^{\beta}(\mu h)^{1-\beta}h_{\alpha}^{\gamma} - c \qquad (4-39)$$

则人力资本的变动为：

$$\dot{h} = G(1-\mu)h \qquad (4-40)$$

其中，G 是一个增函数，$G(0) = 0$。

当初始实质资本（k_0）和初始人力资本（h_0）既定时，为求出代表性家庭效用的最大化实现路径，构建的汉密尔顿方程为：

$$H = \left[\frac{c^{(1-\theta)} - 1}{1-\theta}\right] + \lambda_1\left[Ak^{\beta}(\mu h)^{1-\beta}h_{\alpha}^{\gamma} - c\right] + \lambda_2 G(1-\mu)h$$

$$(4-41)$$

其中，λ_1、λ_2 分别为物质资本、人力资本的影子价格，c、μ 为控制变量，并且 $\lim_{t\to\infty}\lambda_1 ke^{-\rho t} = 0$，$\lim_{t\to\infty}\lambda_2 ke^{-\rho t} = 0$。

则式（4 – 41）的一阶条件为式（4 – 42）至式（4 – 45）所示：

$$c^{-\theta} = \lambda_1 \qquad (4-42)$$

$$\lambda_1(1-\beta)Ak^{\beta}h^{1-\beta}h_{\alpha}^{\gamma}\mu^{-\beta} = \lambda_2 G(1-\mu)h \qquad (4-43)$$

$$\lambda_1 = \rho\lambda_1 - \lambda_1\beta Ak^{\beta-1}(\mu h)^{1-\beta}h_{\alpha}^{\gamma} \qquad (4-44)$$

$$\lambda_2 = \rho\lambda_2 - \lambda_1(1-\beta+\gamma)Ak^{\beta}\mu^{1-\beta}h_{\alpha}^{\gamma} + \lambda_2 G(1-\mu)\mu \qquad (4-45)$$

因为在均衡状态下，h_{α}^{γ} 既定，市场出清时生产中的人力资本等于平均人力资本，即 $h = h_{\alpha}$，则在均衡路径中式（4 – 45）变换为式

（4 – 46）：

$$\lambda_2 = \rho\lambda_2 - \lambda_1(1 - \beta)Ak^\beta\mu^{1-\beta}h^{-\beta+\gamma} + \lambda_2 G(1 - \mu)\mu \quad (4 - 46)$$

另外，由式（4 – 42）、式（4 – 44）求出资本边际生产率的条件：

$$\beta Ak^{\beta-1}(\mu h)^{1-\beta}h_\alpha^\gamma = \rho + \theta\frac{\dot{c}}{c} \quad (4 - 47)$$

对式（4 – 47）求导可得到均衡路径和最优路径共有的消费增长率为：

$$\frac{\dot{c}}{c} = \left(\frac{1 - \beta + \gamma}{1 - \beta}\right)G(1 - \mu) \quad (4 - 48)$$

由于在稳定增长状态或最优路径时，总会存在一个在产品生产上的最优时间配置 μ^*。由式（4 – 41）的汉密尔顿方程可得到稳态下的人力资本增长率为：

$$\frac{\dot{h}}{h} = G(1 - \mu^*) \quad (4 - 49)$$

对生产函数求导，并结合式（4 – 47）得到式（4 – 50）：

$$\frac{\dot{y}}{y} = \beta\left[\frac{1 - \beta + \gamma}{1 - \beta}\right]G(1 - \mu^*) + (1 - \beta + \gamma)G(1 - \mu^*)$$

$$= \frac{1 - \beta + \gamma}{1 - \beta}G(1 - \mu^*) = \frac{\dot{c}}{c} = \frac{\dot{k}}{k} \quad (4 - 50)$$

因此，学校教育投入不仅需要私人配置一定的时间（$1 - \mu^*$），还需要政府财政投入以补贴人力资本的正向外效应，才能实现经济稳态增长。

4.3.3 计量模型与数据来源

（1）计量经济模型构建。在建立城乡基础教育差距对经济增长影响的计量模型时，主要借鉴卢卡斯（Lucas，1986）的关于人力资本的理论模型及其对经济增长的作用机理，建立城、乡差别的基础教育增长率对经济增长率影响的计量模型如式（4-51）所示：

$$\log(pgdp_{it}) = \alpha_{it} + \log(pue_{it})\beta1_{it} + \log(pre_{it})\beta2_{it}$$
$$+ \log(puc_{it})\beta3_{it} + \log(prc_{it})\beta4_{it} + u_{it} \qquad (4-51)$$

其中，$i = 1, 2, \cdots, N$；$t = 1, 2, \cdots, T$；α_{it}、$\beta1_{it}$、$\beta2_{it}$、$\beta3_{it}$、$\beta4_{it}$分别表示截距项、城镇基础教育增长率对经济增长率的弹性系数、农村基础教育增长率对经济增长率的弹性系数、城镇物质资本增长率对经济增长率的弹性系数、农村物质资本增长率对经济增长率的弹性系数，u_{it}为随机扰动项向量，满足零均值、同方差。

（2）变量及数据说明。对于被解释变量，对数人均 GDP 变量 [log(pgdp)] 用对数人均地区生产总值表示，即先将各地区生产总值除以各地区人口数换算成人均地区生产总值，然后通过 GDP 平减指数将名义人均地区生产总值换算成以 2005 年为基期年的实际人均地区生产总值，最后取各地区实际人均地区生产总值的对数形式。

对于解释变量，在理论模型部分阐述了经济实现稳态增长的人力资本和物质资本最优均衡路径，人力资本和物质资本成为国内外学者在实证考察经济增长影响因素的重要解释变量，因此本部分在实证分析城乡基础教育差异对经济增长的影响时，以对数城镇基础教育阶段生均预算内教育经费支出 [log(pue)]、对数农村基础教育阶段生均预算内教育经费支出 [log(pre)] 分别表示城镇、农村人力资本水平的增长率，以对数城镇人均全社会固定资产投资额 [log(puc)]、对数城镇人均全社会固定资产投资额 [log(prc)] 分别表示城镇、农村物质资本水平的增长率。其中，解释变量对数农村基础教育阶段生均预算内教育经费支出 [log(pre)]（以下简称农村基础教育经费支出），首先将农村小学、初中阶段预算内教育经费支出加总得到农村基础教育阶段预算内教育经费支出总额，再除以农村小学、初中阶段在校学生数总额，得到农村基础教育阶段生均预算内教育经费名义值，然后再农村 CPI 指数，以 2005 年为基期年计算出各地区农村基础教育阶段生均教育经费的真实值，最后再对各地区农村生均预算内基础教育真实值取对数；城镇人力资本水平的增长率［log(pue)］（以下简称城镇基础教育经费支出），需要先将全国小学、初中阶段预算内教育经费支出分别减去农村小学、初中阶段预算内教育经费支出，得到城镇小学、初中阶段预算内教育经费支出，对其加总得到城镇基础教育阶段预算内教育经费支出总额，再除以城镇小学、初中阶段在校学生数总额，得到城镇基础教育阶段生均预算内教育经费名义值，然后再根据城镇 CPI 指数，以 2005 年为基期年计算出各地区城镇基础教育阶段生均教育经费的真实值，最后再对各地区城镇生均预算内基础教育真实值取对数；对数城镇人均全社会固定资产投资额［log(puc)］，首先计算各地区城镇名义人均全社会固定资产投资额，其等于各地区名义城镇固定资产投资除以城镇年末人口数，然后根据历年固定资产价格指数进行平减计算出各地区城镇真实固定资产投资额（以 2005 年为基期年），最后对其取对数形式；以相同的方法求得对数农村人均全社会固定资产投资额［log(prc)］。

本部分的数据主要根据历年《中国统计年鉴》中的"地区生产总值""各地区总人口数""分地区居民消费价格指数""固定资产投资""各地区固定资产投资价格指数""各地区人口的城乡构成"，历年《中国教育经费统计年鉴》中的预算内经费支出数据、历年《中国教育统计年鉴》中的在校学生数据等整理得到。数据的选取区间为 2005 ~ 2014 年。主要变量的描述性统计如表 4 - 11 所示。

表 4 – 11   主要变量的描述性统计

变量	观察值	均值	标准差	最大值	最小值
log(pgdp)	300	4.382781	0.26864	5.113042	3.730496
log(pue)	300	3.070315	0.237857	3.778374	2.725706
log(pre)	300	3.387815	0.395452	5.079656	2.934306
log(puc)	300	4.173164	0.128343	4.499039	3.892061
log(prc)	300	3.228224	0.408184	4.283749	2.560076

4.3.4 实证分析

（1）城乡基础教育影响地区经济增长的面板单位根检验。在对时序变量进行回归分析及经验检验时，首先假定该时序变量数据具有平稳性。因此，在对时序变量进行面板数据模型估计前，需要对各面板时间序列数据的平稳性进行检验。检验方法主要有两大类：一是相同根情形下的单位根检验，主要采用 LLC 检验、Breitung 检验、Hadri 检验等；二是不同根情形下的单位根检验，主要采用 Im – Pesaran – Skin 检验、Fisher – ADF 检验、Fisher – PP 检验。本部分对变量 log(pgdp)、log(pue)、log(pre)、log(prc)、log(puc) 分别采用 LLC、IPS、Fisher – ADF、Fisher – PP、Hadri 检验法，同时进行各变量序列相同根、不同根情形下的单位根检验。检验结果如表 4 – 12 所示。

表 4 – 12   面板单位根检验结果

变量	LLC	IPS	ADF – Fish	PP – Fish	Hadri	结论
log(pgdp)	– 22.88100 (0.0000)	– 8.18597 (0.0000)	184.74900 (0.0000)	291.41000 (0.0000)	10.57210 (0.0000)	平稳

变量	LLC	IPS	ADF – Fish	PP – Fish	Hadri	结论
log(pue)	– 19.92420 (0.0000)	– 3.78717 (0.0000)	162.39500 (0.0000)	148.41700 (0.0000)	30.87390 (0.0000)	平稳
log(pre)	– 4.11427 (0.0000)	3.56140 (0.9998)	16.18700 (1.0000)	40.57320 (0.9744)	10.38060 (0.0000)	不平稳
Δlog(pre)	– 16.31020 (0.0000)	– 7.16669 (0.0000)	179.16500 (0.0000)	228.52400 (0.0000)	10.47290 (0.0000)	平稳
log(puc)	0.16721 (0.5664)	1.04937 (0.8530)	37.29500 (0.9906)	62.44000 (0.3895)	11.47390 (0.0000)	不平稳
Δlog(puc)	– 10.48080 (0.0000)	– 5.98570 (0.0000)	153.31800 (0.0000)	209.15000 (0.0000)	6.97480 (0.0000)	平稳
log(prc)	– 5.05356 (0.0000)	1.33479 (0.9090)	31.34660 (0.9992)	18.03790 (1.0000)	14.01860 (0.0000)	不平稳
Δlog(prc)	– 13.42170 (0.0000)	– 5.45920 (0.0000)	143.67100 (0.0000)	179.11400 (0.0000)	10.70250 (0.0000)	平稳

注："Δ"表示一阶差分；圆括号内是统计量对应的 p 值。

由表 4 – 12 面板单位根的检验结果表明，根据 LLC、IPS、Fisher – ADF、Fisher – PP、Hadri 检验法的检验结果表明，由统计量的相伴概率 P 值和 t – bar 统计量值可以看出变量 log(pgdp)、log(pue) 在置信水平为 5% 的前提下均拒绝存在"同质单位根"或"异质单位根"的原假设，即变量 log(pgdp)、log(pue) 不存在单位根，为平稳序列变量；变量 log(pre)、log(prc)、log(puc) 在置信水平为 5% 的前提下均无法拒绝存在"同质单位根"或"异质单位根"的原假设，但一阶差分后的 Δlog(pre)、Δlog(puc)、Δlog(prc) 变量在置信水平为 5% 的前提下均拒绝存在"同质单位根"或"异质单位根"的原假设，Δlog(pre)、Δlog(puc)、Δlog(prc) 变量不存在单位根，为平稳序列变量。因为变量 log(pgdp)、log(pue)、log(pre)、log(prc)、log(puc) 为非同阶单整变量，因此不需要进行协整检验，直接对 Panel Data 模型进行检验及参数估计。

（2）城乡基础教育差距与地区经济增长的面板数据模型检验。由于考虑到各地区人均 GDP、城镇（农村）基础教育生均教育经费支出、城镇（农村）人均固定资产投资存在着差异性，因此对其计量模型中的相配数据未进行 F 检验，直接采用变截距模型，将式（4 - 51）变换为式（4 - 52）：

$$\log(\text{pgdp}_{it}) = \alpha_{it} + \log(\text{pue}_{it})\beta 1 + \log(\text{pre}_{it})\beta 2 + \log(\text{puc}_{it})\beta 3$$
$$+ \log(\text{prc}_{it})\beta 4 + u_{it} \qquad (4 - 52)$$

对式（4 - 52）采用似然比（likelihood ratio，LR）检验法对模型固定效应进行检验。检验结果如表 4 - 13 所示。

表 4 - 13　　　　　　　　　　模型 LR 检验结果

Test cross - section fixed effects			
Effects Test	Statistic	d. f.	Prob.
Cross-section F	211. 770322	- 29. 266	0. 00000
Cross-section Chi-square	954. 510923	29	0. 00000

由表 4 - 13 可知，LR 检验的结果显示，Cross-section F、Cross-section Chi-square 的相伴概率均为 0. 00000，表明在 5% 的置信水平下拒绝"固定效应是多余"的原假设，因此应对计量方程式（4 - 52）引入固定效应分析，采用变截距固定效应模型进行估计。

（3）城乡基础教育差距与地区经济增长的面板数据模型估计。采用 GLS 估算方法估计 Panel Data 变截距固定效应模型，利用 Eviews8.0 进行估算。具体估算结果如表 4 - 14 所示。

表 4 – 14 变截距固定效应模型回归估算结果

Variable	Coefficient	Std. Error	t – Statistic	Prob.
C	– 6. 571277	0. 180859	– 36. 33361	0. 0000
log(pue)	4. 046345	0. 399594	10. 12614	0. 0000
log(pre)	1. 099451	0. 381942	– 2. 878582	0. 0043
log(puc)	– 0. 11341	0. 088834	– 1. 276658	0. 2028
log(prc)	0. 845208	0. 21478	3. 935219	0. 0001

<table>
<tr><td colspan="4" align="center">固定效应(交叉)</td></tr>
<tr><td>北京_C</td><td>– 2. 072305</td><td>河南_C</td><td>0. 3664</td></tr>
<tr><td>天津_C</td><td>– 0. 838698</td><td>湖北_C</td><td>0. 07568</td></tr>
<tr><td>河北_C</td><td>0. 009051</td><td>湖南_C</td><td>0. 592381</td></tr>
<tr><td>山西_C</td><td>0. 858215</td><td>广东_C</td><td>– 0. 341444</td></tr>
<tr><td>内蒙古_C</td><td>0. 740782</td><td>广西_C</td><td>0. 580334</td></tr>
<tr><td>辽宁_C</td><td>– 0. 9466</td><td>海南_C</td><td>1. 130958</td></tr>
<tr><td>吉林_C</td><td>0. 281284</td><td>重庆_C</td><td>– 0. 053998</td></tr>
<tr><td>黑龙江_C</td><td>– 0. 383478</td><td>四川_C</td><td>0. 762246</td></tr>
<tr><td>上海_C</td><td>– 1. 178513</td><td>贵州_C</td><td>0. 620418</td></tr>
<tr><td>江苏_C</td><td>– 0. 680639</td><td>云南_C</td><td>– 0. 205402</td></tr>
<tr><td>浙江_C</td><td>– 0. 338131</td><td>陕西_C</td><td>– 0. 033554</td></tr>
<tr><td>安徽_C</td><td>0. 770433</td><td>甘肃_C</td><td>0. 393311</td></tr>
<tr><td>福建_C</td><td>0. 216671</td><td>青海_C</td><td>– 0. 75613</td></tr>
<tr><td>江西_C</td><td>0. 000602</td><td>宁夏_C</td><td>0. 079886</td></tr>
<tr><td>山东_C</td><td>0. 986923</td><td>新疆_C</td><td>– 0. 636683</td></tr>
</table>

<table>
<tr><td colspan="4" align="center">未加权时模型检验结果</td></tr>
<tr><td>R – squared</td><td>0. 987862</td><td>Mean dependent var</td><td>4. 382781</td></tr>
<tr><td>Adjusted R – squared</td><td>0. 986356</td><td>S. D. dependent var</td><td>0. 26864</td></tr>
<tr><td>S. E. of regression</td><td>0. 03138</td><td>Akaike info criterion</td><td>– 3. 978941</td></tr>
<tr><td>Sum squared resid</td><td>0. 261924</td><td>Schwarz criterion</td><td>– 3. 559179</td></tr>
<tr><td>Log likelihood</td><td>630. 8411</td><td>Hannan – Quinn criter.</td><td>– 3. 810951</td></tr>
<tr><td>F – statistic</td><td>655. 9972</td><td>Durbin – Watson stat</td><td>1. 236493</td></tr>
<tr><td>Prob (F – statistic)</td><td colspan="3" align="center">0. 0000</td></tr>
</table>

其中，表 4 - 14 中的系数 4.046345、1.099451、- 0.11341、0.845208 分别为 β1、β2、β3、β4 的估计值，从其估计标准误、t 统计量和伴随概率来看，回归系数显著不为 0；固定效应（交叉）部分则表示各地区截距的估计值；未加权时模型检验结果则表示在采取未加权时固定效应模型的整体检验结果。

从表 4 - 14 的回归估计结果来看，变截距固定效应模型具有很好的拟合性，R^2 为 98.7862%，Log likelihood 为 630.8411，F - statistic 为 655.9972，P 值为 0.0000。其中，解释变量 log(pue)、log(pre)、log(puc) 可以解释被解释变量 log(pgdp) 98.79% 的变动情况。另外，从变量 log(pue)、log(pre)、log(puc) 的系数及伴随概率来看，变量 log(pue)、log(pre)、log(puc) 的回归系数分别为 4.046345、1.099451、0.845208，伴随概率分别为 0.0000、0.0043、0.0001，这说明城镇（农村）基础教育生均经费支出、农村人均固定资产的增长每提高 1 个百分点将分别促进人均 GDP 的增长率提高约 4.046345%、1.099451%、0.845208%。从整体来看，基础教育支出的产出效率高于固定资产投入的产出效率；城镇基础教育支出的产出效率高于农村，农村固定资产投入的产出效率低于基础教育的产出效率。另外，虽然 log(prc) 的回归系数为 - 0.11341，但是对经济增长的负面影响并不明显（P 值为 0.2028）。

4.4　本章小结

本章主要基于 2005 ~ 2014 年中国 30 个省际面板数据，分别建立了城乡基础教育差异对城乡人力资本差距、城乡收入差距、经济增长影响的不变参数模型、固定效应影响变系数模型、变截距固定效应模型，实证考察了城镇化背景下城乡基础教育对城乡人力资本差距、城乡收入差距、经济增长的影响，实证结果表明：

（1）城乡基础教育预算内支出的差距是导致城乡人力资本差异形成的重要原因。

（2）城乡基础教育差距进一步扩大了城乡收入差距，人均 GDP 的增长、财政教育支出占比的提升及城镇化水平的提高有利于城乡差距的缩小。

（3）城镇基础教育的产出弹性高于农村基础教育的产出弹性，而农村固定资产投资具有明显的产出弹性。

参 考 文 献

［1］Azariadis C. , Drazen A. Threshold Externalities in Economic Development［J］. Quarterly Journal. 1990（105）：501 – 526.

［2］Baldacci E. , Clements B. , Gupta S. , Cui, Q. Social Spending, Human Capital, and Growth in Developing Countries［J］. World Development, 2008, 36（8）：1317 – 1341.

［3］Benabou R. Inequality and Growth in Bernanke［R］. B. S. and Rotemberg, J. J. eds, NBERM Acroeconomics Annual, 1996.

［4］Denison, E. F. The Sources of Economic Growth in the United States and the Alternatives before Us［M］. New York：Committee for Economic Development, 1962.

［5］Elizabeth J. Jensen, Ann L. Owen. Why Are Women Such Reluctant Economists? Evidence from Liberal Arts Colleges［J］. American Economic Review, 2000（2）：466 – 470.

［6］Fertig, Schmidt & Sinning. The Impact of Demographic Change on Human Capital Accumulation［J］. Labor Economics, 2009, 16（6）：659 – 668.

［7］ Galor, Oded and Tsiddon, Daniel. Technological Progress, Mobility, and Economic Growth ［J］. American Economic Review, 1997 (87): 363 - 382.

［8］ J. Benhabib & M. M. Spiegel. The Role of Human Capital in Economic Development ［J］. Journal of Monetary Eonomics, 1994 (34): 143 - 173.

［9］ Jung H. S. , Thorbecke E. The Impact of Public Education Expenditure on Human Capital, Growth, and Poverty in Tanzania and Zambia: A General Equilibrium Approach ［J］. Journal of Policy Modeling, 2003 (25): 701 - 725.

［10］ Manki W. , N. Gregory, David Romer, and David Weil. A Contribution to the Empirics of Economic Growth ［J］. Quarterly Journal, 1992 (5): 89 - 101.

［11］ Mankiw N. G. , Romer W. N. A Contribution to the Empirics of Economic Growth ［J］. Quarterly Journal of Economics, 1992 (2): 107.

［12］ Mark A. Roberts. The Conflating Effects of Education and Financial Competition in an Overlapping Generations - Growth Model with Nelson - Phelps Human Capital ［J］. The Manchester School, 2013, Vol. 81 Wiley.

［13］ Mechmet A. Ulubasoglu, Buly A. Cardak. International Comparisons of Rural - Urban Educational Attainment: Data and Determinants ［J］. European Economic Review, 2007 (7): 1828 - 1857.

［14］ Mukoyama T. Essays on Innovation and Diffusion ［D］. University of Rochester, 2002.

［15］ Peter C. Rangazas. Fiscal Policy and Endogenous Growth in a Bequest - Constrained Economy ［J］. Oxford Economic Papers, 1996

（1）：52 - 74.

[16] R. J. Barro & J. W. Lee. International Comparisons of Educational Attainment [J]. Journal of Monetary Economics, 1993（32）: 363 - 394.

[17] R. J. Barro. Determinants of Economic Growth [M]. MIT Press, 1997.

[18] Schultz T. W. Agriculture and the Application of Knowledge, A Look to the Future [M]. W. K. Kellogg Foundation, Battle Creek, 1956.

[19] T. W. Schaltz. The Value of the Ability to Deal with Disequilibria [J]. Journal of Economic Literature, 1975（1）: 28.

[20] Vindo Thomas, Yan Wang and Xibo Fan. Measuring Education Inequality: Gini Coefficients of Education [R]. Working Paper, The World Bank Institute, 2000.

[21] W. A. Lewis. Economic Development with Unlimited Supplies of Labour [J]. The Manchester School, 1954（2）: 139 - 191.

[22] 白雪梅，吕光明. 教育与收入不平等关系研究综述 [J]. 经济学动态，2004（4）: 82 - 85.

[23] 蔡武. 论我国农业工业化农村城镇化与城乡居民收入差距 [D]. 湖南大学，2008.

[24] 蔡增正. 教育对经济增长贡献的计量分析——科教兴国战略的实证依据 [J]. 经济研究，1999（2）: 41 - 50.

[25] 陈斌开，张鹏飞，杨汝岱. 政府教育投入、人力资本投资与中国城乡收入差距 [J]. 管理世界，2010（1）: 36 - 43.

[26] 陈朝旭. 政府公共教育投资与经济增长关系的实证分析 [J]. 财经问题研究，2011（2）: 85 - 89.

[27] 程开明，李金昌. 城市偏向、城市化与城乡收入差距的

作用机制及动态分析［J］. 数量经济技术经济研究，2007（7）：116 - 125.

［28］戴航，江激宇. 安徽省城市化、工业化与城乡收入差距的动态关系研究［J］. 安徽农业大学学报，2012（5）：45 - 50.

［29］冯云，王维国. 教育投入差距与地区居民收入差距关系研究［J］. 教育科学，2011（6）：11 - 16.

［30］郭建雄. 人力资本、生育率与城乡收入差距的收敛［J］. 中国社会科学，2005（3）：27 - 37.

［31］贺能坤. 贫困地区教育促进经济增长的非常规模式研究［J］. 广西社会科学，2012（7）：170 - 174.

［32］黄祖辉，王敏，万广华. 我国居民收入不平等问题：基于转移性收入角度的分析［J］. 管理世界，2003（3）：70 - 75.

［33］霍丽. 城乡二元经济差异的人力资本研究［D］. 西北大学博士论文，2008.

［34］景跃军，刘晓红. 基于卢卡斯溢出模型的我国人力资本对经济增长贡献率测算［J］. 东南学术，2013（1）：105 - 112.

［35］李玲. 中国教育投资对经济增长低贡献水平的成因分析［J］. 财政研究，2004（8）：40 - 51.

［36］李勇坚. 内生增长理论的历史渊源及其现代发展［OL］. 经济论坛，http://www.beiwang.com，2003 - 06.

［37］梁军. 教育发展、人力资本积累与中国经济增长——基于1978 ~ 2014 年数据的实证分析［J］. 教育学报，2016（4）：79 - 88.

［38］林毅夫，刘明兴. 中国的经济增长收敛与收入分配［J］. 世界经济，2003（8）：3 - 15.

［39］刘海英. 人力资本"均化"与中国经济增长质量关系研究［J］. 管理世界，2004（11）：15 - 21.

［40］刘文忻，卢云航. 要素积累、政府政策与我国城乡收入

差距 [J]. 经济理论与经济管理, 2006 (4): 13-20.

[41] 刘云忠, 徐映梅. 我国城乡教育差距与城乡居民教育投入——基于 1990~2005 年的数据分析 [J]. 教育与经济, 2007 (4): 42-46.

[42] 陆铭, 陈钊. 城市化、城市倾向的经济政策与城乡收入差距 [J]. 经济研究, 2004 (6): 50-58.

[43] 聂江. 以基尼系数衡量的教育不平等与中国的实证研究 [J]. 市场与人口分析, 2006 (4): 42-47.

[44] 皮祖迁. 农民教育促进湖南农村经济发展研究 [D]. 湖南农业大学, 2008.

[45] 钱雪亚, 缪仁余, 胡博文. 教育投入的人力资本积累效率研究——基于随机前沿教育生产函数模型 [J]. 中国人口科学, 2014 (2): 74-83.

[46] 盛雯莉. 基于教育视角对城乡收入差距问题的分析 [D]. 东北财经大学, 2015.

[47] 孙仁龙. 泛析教育对我国经济增长的贡献 [D]. 吉林大学, 2010.

[48] 孙永强, 金融发展. 城市化与城乡居民收入差距研究 [J]. 金融研究, 2012 (4): 98-108.

[49] 王朝阳, 马文武. 城乡教育均衡发展、城乡收入差距与新型城镇化的关系 [J]. 财经科学, 2014 (8): 97-107.

[50] 王家赠. 教育对中国经济增长的影响分析 [J]. 上海经济研究, 2002 (3): 10-17.

[51] 王检贵. 倒"U"现象是不是一条经济法则?——对罗宾逊经典结论的质疑 [J]. 经济研究, 2000 (7): 62-67.

[52] 王骏, 刘泽云. 教育: 提升人力资本还是发送信号 [J]. 教育与经济, 2015 (4): 30-38.

［53］王磊，张菅为. 城市化经济增长与城乡收入差距——基于安徽省 1978～2010 年数据的实证分析［J］. 中共合肥市委党校学报，2013（2）：3－11.

［54］王志扬，宁琦. 基础教育财政投入的经济增长效应［J］. 地方财政研究，2016（3）：65－71.

［55］温娇秀. 我国城乡教育不平等与收入差距扩大的动态研究［J］. 当代经济科学，2007（5）：40－45.

［56］夏茂林. 我国义务教育资源配置差距的制度述源及变革研究［D］. 西南大学，2014.

［57］亚当·斯密. 国民财富的性质和原因研究［M］. 中译本，北京：商务印书馆，1981：36－38.

［58］颜敏，王维国. 基于时变参数的中国教育投入对经济增长贡献率估计［J］. 统计与信息论坛，2009（7）：72－78.

［59］杨超，吴蓓莅. 义务教育投入对人力资本贡献的时滞性与实证检验［J］. 财政研究，2008（5）：46－48.

［60］杨德才. 论人力资本二元性对城乡收入差距的影响［J］. 当代经济研究，2012（10）：69－74.

［61］杨俊，李雪松. 教育不平等、人力资本积累与经济增长基于中国的实证研究［J］. 数量经济技术经济研究，2007（7）：37－45.

［62］姚益龙. 有关教育与经济增长理论的文献综述［J］. 学术研究，2004（3）：32－36.

［63］叶茂林. 教育与经济增长的关系研究［J］. 数量经济技术经济研究，2002（9）：11－14.

［64］袁翔. 教育与经济的摅思［J］. 求索，2005（10）：2.

［65］张海峰. 城乡教育不平等与收入差距扩大［J］. 山西财经大学学报，2006（2）：31－38.

［66］张玉林．分级办学制度下的教育资源分配与城乡教育差距——关于教育机会均等问题的政治经济学探讨［J］．中国农村观察，2003（1）：10－23．

［67］朱青，罗志红，吴武兰．中国收入差距对经济增长的影响：基于变系数模型的估计［J］．企业经济，2017（2）：180－186．

［68］祝树金，虢娟．开放条件下的教育支出、教育溢出与经济增长［J］．世界经济，2008（5）：56－67．

5

城镇化进程中城乡基础教育
非均衡发展的原因分析

造成我国城镇化进程中城乡基础教育非均衡发展的原因是多方面的，本章主要从城乡经济发展水平的差异、城乡传统户籍制度、城乡教育管理体制、城乡二元的财政体制、民主决策机制、城乡二元的教师政策与课程政策等方面展开一系列的深入研究。

5.1　城乡基础教育非均衡的经济性因素

首先，经济因素是影响城乡义务教育差距的首要因素。城乡经济水平不同导致城乡基础教育投入差距和优秀教师流向城市，农村师资流失。义务教育经费主要来自政府的投入，而政府对教育的投入力度与当地的经济状况密切相关。从一般规律来说，城乡经济发展水平差距越大，城乡义务教育经费差距也应该越大。通过已有相关研究发现，城乡收入差距越大，城乡义务教育经费的差距也会越大（吴春霞，2007）。

教育与经济是一种互动关系（何莎莎，2007），当今社会是一个知识经济时代，要想实现经济的持续稳定增长必须以知识人才作后盾，知识人才的培养又离不开教育的扶持；教育的发展需要财政经费的支撑，财政投入的多少受经济发展程度的制约。不可否认，经济增长是推动教育发展的不竭动力，而教育发展则是保证经济持续增长的基石，二者之间相互影响、相互作用。在我国，政府是公共产品的主要提供者，基础教育作为一种公共产品需要政府进行资源的配置和调控，而政府在行使这项权力时必须有充裕的财力保障，由于区域间的经济发展程度不同，政府在配置基础教育资源（包括人力资源、物资设备、资金资源等）过程中会有所选择的操作，这样必然会产生区域间教育资源配置的非均等化。吴凌云（2012）提出，区域及城乡经济发展不均衡是导致地区及城乡间在教育收益率上出现差距的主要原因。马立武（2006）也提到，长期以来我国形成的城乡二元结构体制造成我国教育发展呈现严重失衡状态，主要表现在不同地区间的差异，而经济发展不均衡是最主要也是最根本的原因。此外，还有学者利用实证分析方法对教育与经济的互动关系进行了分析。王爱民等（2008）采用回归的 Shapley value 分解法分析了中国区域教育差异的影响因素，研究发现，区域间的经济因素和居民收入因素是影响区域教育差异的主要因素，并且影响作用呈增强趋势。方芳等（2011）分析了我国人均 GDP 对民办高等教育的影响，认为人均 GDP 在相对规模和绝对规模均对民办高等教育有显著影响。综上所述，经济发展状况会影响基础教育的发展趋向，而区域经济发展状况的不同会影响各地区基础教育经费的投入比重，进而对基础教育的资源配置在区域、省际及城乡间产生差异（葛少虎，2014）。

5.2 城乡基础教育非均衡的制度性因素

5.2.1 户籍制度

长期以来，我国城乡二元户籍制度造成了城乡居民相异的基础教育资源分配权利，城镇居民子女享有数量更多、质量更优的基础教育资源，而农村居民子女享有的基础教育资源相对较少。而随着城镇化的快速发展，更多资源具有明显的城镇集聚特点，进一步使我国城乡居民子女因其户籍状态的不同享有差异化的基础教育资源。并且，随着城镇化水平的提高，以及城乡经济社会发展水平的差异，户籍制度所带来的基础教育资源城乡分配差异进一步扩大，进而影响城乡差异化的基础教育回报率。并且户籍制度下基础教育资源的城市偏向还将持续影响城乡居民子女在接受高等教育方面的差距，突出表现在我国重点大学中来自农村的大学生生源比重越来越少，从而会导致社会阶层的固化，不利于我国经济社会的健康稳定持续发展。并且，城乡二元户籍制度所带来的城乡基础教育资源配置的二元化，将会影响进城务工人员子女人力资本积累的速度与质量。虽然，短期内进城务工人员通过短期内的空间流动改变其经济条件，提高收入水平，但是长期将因为城乡二元的户籍制度而最终影响其生命周期内的经济状况，而不稳定的家庭经济状态亦将深刻影响到流动人员子女享有基础教育资源的质量。因此，在城乡基础教育均衡发展过程中应尤其重视户籍制度对城乡基础教育资源配置的重要影响。

从教育公平的角度来看，城乡二元户籍制度的存在成为城乡差距代际传递的重要因素，影响了城乡基础教育适龄儿童起点公平权利的实现。而城乡基础教育的均衡发展蕴含起点公平、过程公平与结果公平的要求，亟须破解因城乡二元户籍制度所导致的城乡基础教育机会非均等的困境。

另外，我国现行的教育管理体制实行省级统筹、分级管理、地方负责的方式，地方政府承担主要的基础教育支出责任，并且采取"谁办学谁掏钱"的原则，城乡基础教育均衡发展责任使地方各级政府的财政捉襟见肘。而在城乡二元户籍制度下，城乡基础教育的发展往往因为差异的城乡经济发展水平和财政能力受限的地方政府而呈现城乡二元发展的特点。虽然随着经济体制改革的深入，户口与就业、医疗、保障等公共产品类社会福利的联系不断弱化，但是，户籍制度仍然影响城乡劳动力的充分、自由流动，影响农民工子女充分享有与城镇居民子女公平的基础教育资源。

面对城乡二元户籍制度所带来的城乡基础教育资源配置和空间配置的差异及城乡基础教育非均衡发展，自 2012 年我国陆续出台了一系列户籍改革政策。见表 5 - 1。

表 5 - 1　　　　　　　2012 年以来户籍制度改革相应政策措施

时间	内容
2012 年 2 月	《国务院办公厅关于积极稳妥推进户籍管理制度改革的通知》提出要分类明确户口迁移政策，放开地级市户籍，逐步实行暂住人口居住证制度等
2012 年 5 月	国务院常务会议讨论通过《国家基本公共服务体系"十二五"规划》，将户籍制度改革视为推进公共教育等基本公共服务全覆盖的重点，明确提出"公共服务将与户籍逐步分离"的目标
2012 年十八大	十八大报告中提出，要"加快改革户籍制度、有序推进农业转移人口市民化"

时间	内容
2014 年 3 月	《国家新型城镇化发展规划（2014～2020 年）》发布，要求加快改革户籍制度，创新和完善人口服务和管理制度，逐步消除城乡区域间户籍壁垒，还原户籍的人口登记管理功能，全面推行流动人口居住证制度，以居住证为载体，建立健全与居住年限等条件相挂钩的基本公共服务提供机制，并作为申请登记居住地常住户口的重要依据。积极推进城镇基本公共服务由主要对本地户籍人口提供向对常住人口提供转变
2014 年 7 月	国务院出台《关于进一步推进户籍制度改革的意见》，提出了三方面 11 条具体政策措施，标志着中国的户籍制度改革进入到一个全新的阶段
2014 年 12 月	国务院法制办正式公布了《居住证管理办法（征求意见稿）》
2015 年 2 月	《关于全面深化公安改革若干重大问题的框架意见》中，提出要扎实推进户籍制度改革，取消暂住证制度，全面实施居住证制度，建立健全与居住年限等条件相挂钩的基本公共服务提供机制

在我国的新户籍制度下，我国农村基础教育仍然面临诸多问题，如农村常驻儿童教育公平问题。一般农村常驻儿童的家境贫穷，而不断萎缩的农村学校、不断流向城镇的大量优秀师资使农村教育面临着困境，这将直接影响常驻儿童的教育权利。

5.2.2　教育管理体制

城乡基础教育均衡发展的教育管理体制是促进城乡基础教育公平发展的基本制度，是实现城乡基础教育阶段儿童公平享有教育权利的重要保证。基础教育管理体制包括基础教育学校的内部管理体制和基础教育的行政体制。其中，学校的内部管理体制主要涉及基础教育学校内部的管理与运行，如学校内部决策的制定、执行、监督等；基础教育的行政体制主要涉及中央政府与地方政府的基础教育权责的划分、地方政府与学校的相互关系，即上级政府与下级政府之间、同级政府间不同部门之间、政府部门与学校之间基础教育管理权的分配与协调关系。

从我国基础教育管理体制历程沿革来看，基础教育管理体制改革主要经历了 1985 年的地方负责、分级管理的教育体制改革，1986 年《中华人民共和国义务教育法》从法律层面明确了地方负责，分级管理的教育管理体制；1993 年《中国教育改革和发展纲要》为了明晰地方政府间的权利与责任，解决在教育管理领域政府的"越位"与"缺位"的问题，进一步明确了完善分级办学、分级管理的教育管理体制，确立了以县为主的省、地、县、乡四级基础教育管理体制；2001 年《关于基础教育改革与发展的决定》确立了地方政府负责、分级管理、以县为主的三级教育管理体制，其中县级政府承担当地基础教育供给的主要责任。整体来看，我国基础教育管理体制大致经历了"统一财政、分级管理""以县为主、四级管理""以县为主、三级管理"的发展历程（如图 5-1 所示）。

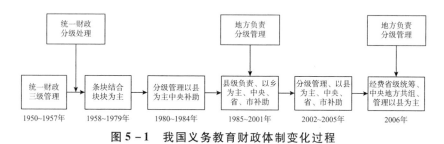

图 5-1　我国义务教育财政体制变化过程

资料来源：陈丰，石绍宾. 城乡基础教育不均衡对居民收入差距的影响——基于 2006～2011 年面板数据的分析 [J]. 东岳论丛，2014（3）：84.

基础教育管理体制改革进一步明确了各级政府的基础教育供给职责，使教育行政管理权不断下移，增强了地方政府管理基础教育的责任感和积极性，扩大了学校部门的自主办学权，有利于提升基础教育质量的提升。但是，我国现行基础教育管理体制还存在以下几方面问题影响城乡基础教育的均衡发展：一是基础教育行政管理部门之间的权力分工尚未充分明晰。中央政府与地方政府在基础教育管理权方面，地方政府缺乏充分的教育自主权；同级行政管理部门的基础教育管理权存在交叉重叠的现象；教育行政部门内部的职能关系并未充分划分。二是基础教育行政管理的评价体系尚需进一步完善，健全基础教育均衡发展的问责机制。三是"以县为主"的教育管理体制在推进基础教育过程中容易发生重心偏移。

2008 年 10 月，《中共中央关于推进农村改革发展若干重大问题的决定》指出应按照城乡经济社会协调发展的原则建立城乡基础教育一体化发展的管理体制，充分发挥省级政府在统筹城乡基础教育均衡发展中的积极作用；解决"富县办富教育，穷县办穷教育"的不均衡问题。其实，在城乡基础教育均衡发展的管理体制方面，最为关键的是要明确与落实各级政府在基础教育供给方面的具体责任，从而有效地管理与及时扶持处于弱势地位的农村教育，实现城乡基础教育的均衡发展。

5.2.3　财政体制

地区间财政实力的大致均衡是城乡基础教育均衡化发展的前提条件。而地区间财政能力取决于一国的财政体制，财政体制是影响各级地方政府财政能力的最重要因素，直接影响地方政府在均衡城乡基础教育发展方面的成效。从我国财政体制的演变过程来看，主要经历了 1949～1977 年的中央集权型的财政体制时期、1978～1993 年的行政分权型的财政体制时期、1994

年至今的经济分权型的财政体制时期。其中，1994年的分税制改革按照财权与事权相对等的原则明确了各级政府的支出责任及财政收入范围。

分税制的财政体制具有明显的"财权上移，事权下放"的特征，即中央政府加强了在财政分配方面的控制权，中央政府财政能力明显增强，而中央政府承担的公共服务等职责明显减少；相对而言，地方政府的财政能力明显减弱，而承担的公共产品支出责任增加。这种"经济性分权"的财政体制改革使中央政府与地方政府的财权与事权格局变化较大，明显的结果是地方政府赤字压力明显增加。为了化解财政压力，地方政府一方面从增加财政收入的角度积极拓宽财政收入渠道；另一方面从压缩财政支出的角度减少政府支出。可以看出，分税制财政体制将导致各级地方政府在财政收入与财政支出方面行为在一定程度上的差距，进而影响各级地方政府在均衡城乡基础教育方面存在差异。并且城乡基础教育均衡发展还取决于地方政府财政能力的持续增强。而近年来的"营改增"税收政策及长期以来地方政府累积的大量债务均会对地方政府的财政能力提升形成一定程度上的制约，进而影响各地方在均衡城乡基础教育发展所需要的资金扶持力度。

另外，目前我国财政体制还缺乏有效的公共服务财政资金管理，如在基础教育领域财政资金管理的不完善将导致各级地方政府均衡城乡基础教育均衡发展的效果欠佳。具体来看，导致我国政府包括基础教育资金在内的公共服务财政资金管理低效率的原因主要在于：一是缺乏有效的公共服务运行保障和监督机制，直接导致财政资金使用低效率；二是缺乏有效的政府公共服务支出的绩效考核机制；三是公共产品与服务的供给单一性，亦影响到包括基础教育类公共产品的质量。

5.3　城乡基础教育非均衡发展的政策性因素

5.3.1　"城乡有别"的教师政策带来的城乡师资配置失衡

师资资源配置的失衡是城乡基础教育非均衡发展的最主要制约因素。长期以来，城镇基础教育阶段的学校师资质量高于农村地区。究其原因主要是城乡差别的教师政策。根据我国关于教师政策的一些文本来看，城乡基础教育师资政策的差别主要表现在以下几个方面：

（1）城乡师资配备标准不同。2001 年国务院办公厅转发中央编制办、教育部、财政部《关于制定中小学教职工编制标准的意见》指出，基础教育师资力量的配备应按照国办发〔2001〕74 号文件的编制标准折算，"按照在校学生数量核定中小学教师编制"，"初中阶段，农村为 18.0∶1，县镇为 16.0∶1，城市为 13.5∶1；小学阶段，农村为 23.0∶1，县镇为 21.0∶1，城市为 19.0∶1"。但是，我国多数农村地区基本上很难按照编制标准配备充足的教师，并且往往以非正式的代课民办教师为主，影响了农村地区基础教育学校学生的学习质量。

（2）城乡教师待遇的不同。一方面表现在住房待遇方面，相对于城镇教师在住房方面的资助标准，农村教师的住房问题尚需及时解决。《中华人民共和国教师法》规定，各级地方政府及有关部门应采取优先、优惠的方法对城市教师住房建设、租赁与出售；县级、乡级地方政府应解决农村中小学教师住房问题。而县级、乡级地方政府的财力往往有限，直接导致农村中小学教师的住房问题缺乏有效地解决。另一方面表现在城乡教师薪酬水平方面，相对于城镇教师较为健全的绩效工资制度，农村地区中小学教师的薪酬制度中还需进一步落实乡镇工作补贴、艰苦边远地区津贴、乡村教师生活的各项补助政策等。

（3）城乡教师师资培训的不同。整体来看，相对城镇基础教育学校的教师较为便捷地获得各级职业培训及进修机会，尤其是高级别的职业能力培训，农村基础教育学校的教师获得的机会相对较少。

5.3.2 "城市取向"的课程政策带来的城乡教育质量差距

城乡基础教育课程公平直接体现了教育公平的要求，反映了"教育条件平等与教学过程、课程资源的效率相互促进的关系状态"，要求基础教育管理部门在课程规划、实施过程中公平、公正地对待城乡基础教育的每一位学生，使其通过科学合理的课程设置与管理实现全面发展。目前，我国城乡基础教育课程设置中的"城市化倾向"政策不利于城乡基础教育课程资源的优化配置，影响城乡基础教育质量的均衡发展。主要表现在以下几个方面：

（1）课程规划阶段忽视了城乡差异。一是在课程标准制定没有充分考虑到城镇与农村地区基础教育学校学生在教育环境与教育资源方面存在的明显差异；二是在课程内容编制方面对城镇地区与农村地区缺乏充分的科学性与合理性，农村学生达标的课程设置目标偏高，并且在课程内容设置方面未有效地与其生活环境相衔接，导致农村学生课程学习内容与其已有的认识结构存在一定程度的脱离。

（2）课程实施阶段未足够重视城乡基础教育差异。一是课程资源的非均衡分配。目前，虽然农村地区基础教育学校的图书数量明显增加，但是存在着质量良莠不齐的问题。相对而言，城镇地区不仅有丰富的校内馆藏资源，还拥有良好的外部学习资源。二是课程教学方法的城乡差异。相对城镇地区基础教育学校教师的丰富多样而灵活多变的教学方式，农村地区教师的授课方式较为单一，直接影响农村地区学生学习的积极性，导致城乡基础教育质量上存在差距。

5.4　本 章 小 结

本章主要从经济性因素、制度性因素、政策性因素深入剖析影响我国城镇化进程中城乡基础教育均衡发展水平的主要原因。其中，从教育与经济的相互影响关系阐述经济性制约因素对我国地方政府在均衡城乡基础教育资源方面所需的财政能力影响；在制度性因素分析时，主要从我国传统城乡二元的户籍制度及新户籍制度下城乡基础教育适龄儿童起点公平权利的不利影响，从我国教育管理体制沿革及现行以县为主、三级政府分级管理的教育管理体制分析各级地方政府在均衡城乡基础教育方面具体责任划分存在的主要问题及其影响，并且主要针对 1994 年分税制财政体制对地方政府财政能力的形成及其对各地方政府均衡城乡基础教育能力的影响；在政策性因素分析时，主要针对影响城乡基础教育均衡质量的教师政策及课程政策这两个关键性因素展开了深入的探讨。

参 考 文 献

［1］陈丰，石绍宾．城乡基础教育不均衡对居民收入差距的影

响——基于2006~2011年面板数据的分析 [J]. 东岳论丛, 2014 (3): 83-87.

[2] 褚宏启, 贾继娥. 新型城镇化与教育管理改革 [J]. 教育发展研究, 2015 (23): 1-6.

[3] 范魁元, 王晓玲. 城乡教育一体化背景下的教育管理体制改革研究 [J]. 教育科学研究, 2011 (6): 5-8.

[4] 方芳, 钟秉林. 我国民办高等教育的区域差异及影响因素分析 [J]. 教育研究, 2011 (7): 35-42.

[5] 葛少虎. 我国基础教育均衡发展的关键因素分析研究 [D]. 电子科技大学, 2014.

[6] 郭士国. 基本公共服务非均等化: 成因、影响及对策分析 [D]. 吉林大学, 2012.

[7] 何莎莎, 张煜. 论市场经济运行中教育与经济的互动——兼论教育经济学的逻辑起点 [J]. 科教文汇, 2007 (19): 3.

[8] 马立武. 试析义务教育均衡发展及其政府责任 [J]. 现代教育论丛, 2006 (3): 12-16.

[9] 邵泽斌. 我国义务教育管理体制的理论逻辑与政策思考 [J]. 教育研究与实验, 2013 (3): 7-12.

[10] 石绍宾. 城乡基础教育均等化供给研究 [D]. 山东大学, 2007.

[11] 孙艳霞. 从政策道德性看义务教育城乡差距 [J]. 教育发展研究, 2006 (11): 27-30.

[12] 孙艳霞. 教育政策道德性研究——义务教育城乡差距的归因与路径探析 [D]. 东北师范大学, 2006.

[13] 王爱民, 徐翔. 区域教育差距的影响因素实证研究 [J]. 南京师大学报 (社会科学版), 2008 (4): 65-70.

[14] 王玲. 教育公平视野下的课程政策研究 [J]. 现代教育管

理，2008（5）：44 - 46.

　　[15] 王正惠，张乐天. 新中国成立以来城乡教育政策的嬗变与反思 [J]. 当代教育科学，2013（6）：3 - 6.

　　[16] 吴春霞. 中国城乡义务教育经费差距演变与影响因素研究 [J]. 教育科学，2007（6）：1 - 5.

　　[17] 吴凌云. 经济欠发达地区基础教育人才流失问题的探讨——以福建省建宁县为例 [J]. 福建广播电视大学学报，2012（1）：28 - 33.

　　[18] 严雅娜，谭建立. 财政分权对义务教育均衡化发展的影响及对策研究——基于2004—2013年省级面板数据 [J]. 江西财经大学学报，2017（4）：24 - 31.

　　[19] 严雅娜. 基本公共服务均等化的财政对策研究 [D]. 山西财经大学，2017.

　　[20] 杨浩强，贺艳洁. 城乡教育政策的伦理缺失与回归 [J]. 教育科学论坛，2012（2）：5 - 7.

　　[21] 张家军，杨浩强. 我国教育政策的城乡差异及其伦理反思 [J]. 教育理论与实践，2012（19）：16 - 20.

　　[22] 张晴晴. 城乡教育一体化背景下的教育管理体制改革问题分析 [J]. 新校园旬刊，2015（8）：87.

　　[23] 赵强社. 城乡二元体制改革必要性探析 [J]. 教师教育学报，2010（1）：64 - 68.

　　[24] 赵强社. 城乡基本公共服务均等化制度创新研究 [D]. 西北农林科技大学，2012.

　　[25] 赵颖，石智雷. 城镇集聚、户籍制度与教育机会 [J]. 金融研究，2017（3）：86 - 100.

6

城镇化进程中城乡基础教育均衡发展个案分析——以江西省为例

本章以江西省城乡基础教育为样本,通过构建城乡基础教育均衡发展的测度指标,采用绝对指标与相对指标衡量法对 2005~2014 年江西省基础教育人力资源、财力资源、物力资源的城乡差距进行测算,分析江西省城乡基础教育在其城镇化进程中的均衡发展程度。

6.1 指标体系及测算方法

6.1.1 指标体系

江西省城乡基础教育均衡发展的测度指标体系如表 6 - 1 所示。

表6-1　　　　江西省城乡基础教育均衡发展的测度指标体系

一级指标	二级指标	三级指标
城乡人力资源	城乡师资资源	城乡间小学学生/教师比
		城乡间小学教师构成
		城乡间小学教师质量
		城乡间初中学生/教师比
		城乡间初中教师构成
		城乡间初中教师质量
城乡财力资源	城乡预算内教育经费	城乡间小学生均人员经费
		城乡间小学生均公用经费
		城乡间小学生均基本建设经费
		城乡间初中生均人员经费
		城乡间初中生均公用经费
		城乡间初中生均基本建设经费
城乡物力资源	城乡仪器设备总值	城乡间小学生均仪器设备总值
		城乡间初中生均仪器设备总值
	城乡校舍建筑面积	城乡间小学生均校舍建筑面积
		城乡间初中生均校舍建筑面积
	城乡体育运动场所面积	城乡间小学生均体育运动场所面积
		城乡间初中生均体育运动场所面积
	城乡学校占地面积	城乡间小学生均学校占地面积
		城乡间初中生均学校占地面积
	城乡计算机台数	城乡间小学生均计算机台数
		城乡间初中生均计算机台数

6.1.2　指标测算方法

（1）绝对指标。目前，国内关于衡量城乡基础教育均衡发展程度的绝对指标有从城乡经济发展差距方面分析的城乡人均 GDP 指标、城乡居民可支配收入指标、城乡基础教育相关的经费数据指标等。其中，城乡基础教育经费指标更直接地从财政视角反映了城乡基础教育的财政公平原则，一般城乡小学生均预算内教育经费支出、初中生均预算内教育经费支出等指标反映城乡在基础方面的财政投入水平。但是这种单纯用绝对指标来衡量城乡基础教育的均衡发展水平具有相当明显的缺陷：一是并不能真实地反映城、乡基础教育之间的相对差距水平。例如，城乡的基础教育支出水平分别从2000万元、500万元增加到2200万元、575万元，增长率分别为10%、15%。城乡间基础教育差距应该说是不断缩小，但是从绝对量指标来看是不断扩大的，城乡基础教育支出水平从1500万元增加到1625万元；二是城乡基础教育的均衡发展水平会随着度量单位的变化出现相异的结果，即当改变城乡基础教育的度量单位时，两者的方差会改变，给出的均衡发展水平因此出现变化；三是衡量城乡基础教育的均衡发展水平还会明显受到价格因素的干扰。因此，目前学界对城乡基础教育均衡发展水平的度量更多地选择了相对指标。

（2）相对指标。学界衡量基础教育差距的相对测度指标主要借鉴收入差距的测度指标。如基于收入分配理论推导出来的基尼系数、洛伦茨曲线、沃尔夫森"极化指数"、库兹涅茨比率等；基于统计学原理的平均差、标准差、变异系数、收入分布频率、收入分布全距等；基于福利学的阿特金森指数；基于信息理论的广义熵指数；等等。其中既有研究群体间差异的指标（地区差异、城乡差异、行业差异测度指标），也有关于群体内部差异的指标（如基尼系数、广义熵指数、库兹涅茨指数等）；还有份额比例测度法、极差系数测度法、普通离散系数测度法、集中度测度法等。总体来看，国内外学者主要采取的相对衡量指标如下：

①标准差（Standard Deviation）。亦称实验标准差，或标准偏

差，是用于在概率统计中测量某一组数据的统计分布状况，主要通过计算该组数据中每一个数据与离均差平方的算术平均数的平方根，即方差的算术平方根，可以用来衡量组内个体间的离散程度，测量到样本的分布程度。一般而言，标准差的值越大则表明该组数据组内个体差异程度越大；标准差的值越小，则表明该组数据组内个体差异程度越小。相对于其他差异衡量指标，标准差具有计算简便、反应迅捷等优点，因此被广泛运用于差异衡量方面的测算。

标准差的计算公式如式（6-1）所示：

假设有一组实数值 x_1，x_2，x_3，$\cdots$，x_n，这组数值的算术平均数为 μ，则该标准差 σ 为：

$$\sigma = \sqrt{\frac{1}{N} \sum_{i=1}^{N} (x_i - \mu)^2} \qquad (6-1)$$

其中，$\mu = \dfrac{1}{N} \sum_{i=1}^{N} x_i$。

②变异系数（Coefficient of Variation，CV）。差异系数反映数据离散程度的绝对值，其数据大小不仅受变量值离散程度的影响，而且还受变量值平均水平大小的影响。一般来说，变量值平均水平越高，其离散程度的测度值越大，反之越小。由于差异系数反映了分布中全体数据对于自身平均数的离散程度，因此要比较单位不同或单位相同但平均数之间差距较大的不同分布的离散程度时，应选用CV做变异指标。

差异系数的计算公式如式（6-2）所示：

$$CV = [（标准偏差 SD）/平均值 mean] \times 100\% \qquad (6-2)$$

③教育洛伦茨曲线。教育洛伦茨曲线源于收入洛伦茨曲线，即按照教育指标（EM）（如教育成就指标、教育投入指标等）从低到高对人口累计百分比（POP）进行排序，研究其与相应的教育指标累计百分比（EM）之间的关系（如图6-1所示）。

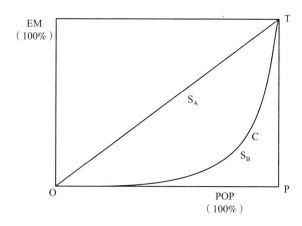

图 6 - 1　教育洛伦茨曲线

其中，OT 为 45°对角线，代表教育绝对平均线，意味着不同比重的人口享有同等比例的教育水平；OCT 为洛伦茨曲线，其越接近 OT 线，教育差距越小表示越均衡，直观反映教育相对于人口的集中程度。

④教育基尼系数。教育基尼系数源于 1922 年意大利经济学家基尼（Corrado Gini）对收入差距差异的定量测定，即收入基尼系数，其表示收入分配份额相对于该人口占比的程度，可以根据洛伦茨曲线计算得到。其中收入基尼系数的取值在 0 ~ 1，当基尼系数的值为 0 时表示收入分配处于完全公平状态；当基尼系数的值为 1 时表示收入分配处于最不公平状态；当基尼系数的值在 0 ~ 0.2 时，收入分配处于高度平均状态；当基尼系数值处于 0.2 ~ 0.3 时，收入分配处于相对平均状态；当基尼系数值处于 0.3 ~ 0.4 时，收入分配处于大致平均状态；当基尼系数值处于 0.4 ~ 0.6 时，收入分配处于相对不公平状态；当基尼系数值超过 0.6 时，收入分配处于严重不公平状态。国际上一般将 0.4 作为收入公平状态临界点的值。

教育基尼系数在收入基尼系数和教育洛伦茨曲线的基础上，以

S_A 为教育洛伦茨曲线与教育绝对平均线之间的面积，$S_A + S_B$ 为教育绝对平均线以下三角形的面积，即 S_{OPT}，则教育基尼系数等于 S_A 除以 $S_A + S_B$，其取值范围处于 $0 \sim 1$，其值越大表示教育差距越明显，其值越小表示教育越公平。

教育基尼系数的计算方法如式（6-3）所示：

$$G = 1 - \sum_{i=1}^{n} p_i(2Q_i - w_j) \qquad (6-3)$$

其中，G 为教育基尼系数，$Q_i = \sum_{k=1}^{j} w_k$ 代表 $1-i$ 的累积教育比重；$\sum_{i=1}^{n} p_i = 1$，$\sum_{j=1}^{n} w_j = 1$。

则 $G = \dfrac{1}{2n(n-1)} \sum_{j=1}^{n} \sum_{i=1}^{n} |x_j - x_i|$。

⑤广义熵指数（Theil Index）。熵（Entroy）首次由克劳德·艾尔伍德·香农（Claude Elwood Shannon）将物理学意义的"熵"含义运用到信息理论分析，用于分析当某一假定事件发生的概率为 x，而后该事件被确定发生了，则该消息所包含的平均信息量为 $h(x) = \ln(1/x)$。荷兰经济学家泰尔将熵运用于对不同个体或地区之间收入差距的衡量。

以收入水平加权计算广义熵指数为式（6-4）~式（6-7）所示：

$$T_r = \sum_i \frac{N_i}{N_r} \ln \frac{N_i/N_r}{Y_i/Y_r}, \quad T_u = \sum_i \frac{N_i}{N_u} \ln \frac{N_i/N_u}{Y_i/Y_u} \qquad (6-4)$$

$$T_b = N_r \times \ln \frac{N_r}{Y_r} + N_u \times \ln \frac{N_u}{Y_u} \qquad (6-5)$$

$$T_w = N_r \times T_r + N_u \times T_u \qquad (6-6)$$

$$T = T_b + T_w \qquad (6-7)$$

其中，T 为广义熵总指数，T_r、T_u、T_b、T_w 分别表示农村内部、城市内部、城乡之间、地区之间的泰尔指数，N_i 为第 i 个省人口规模占全国的比重，N_r、N_u 分别表示农村、城市人口占全国的比重，Y_i 为第 i 个省收入占全国收入的比重，Y_r、Y_u 分别表示农村、城市收入占全国的比重。

教育泰尔指数可以采用在校学生数加权法或某一教育指标水平加权法，用于衡量城乡间、地区间教育均衡发展程度；其值越小反映教育越均衡，其值越接近 1 反映教育越不均衡。

⑥均等指数法。教育均等指数法主要基于收入分配均等指数法进行构建，其公式为：

$$d = \sqrt{\frac{n}{n-1}} \sqrt{\sum_{i=1}^{n} (y_i - \bar{y})^2} \qquad (6-8)$$

其中，n 为在校学生数总额，y_i 表示第 i 学生在教育支出中的教育占比，$\bar{y}$ 为所有教育指标数额的平均值，d 值取值范围在 0 ~ 1，其值越小表示教育越均衡；其值越接近 1 表示教育越不均衡。

⑦扩展线性支出系统模型方法。1973 年，经济学家 Lunch 提出了关于需求函数系统的动态扩展线性支出系统模型（Extend Linear Expenditure System，ELES）。城乡教育差异的扩张线性支出系统模型首先分别测算出城、乡年度义务教育的最低需求额，明确城、乡义务教育最低保障标准；然后对比分析城、乡义务教育的绝对差异和相对差异，说明城乡基础教育均衡发展的状态。具体分析过程如下：

以城乡基础教育经费均衡状态的分析为例，分别建立关于城、乡基础教育经费相关指标的扩展线性支出系统模型：

$$V_i^r = V_i^{r0} + \beta_i^r (Y^r - \sum_{i=1}^{n} V_i^{ro}), i = 1, 2, \cdots, n \qquad (6-9)$$

其中，Y^r 表现农村基础教育预算内经费支出总额；V_i^r 表示农村在校学生对第 i 种预算内基础教育经费的需求额；V_i^{ro} 为农村在校学生对第 i 种预算内基础教育经费的基本需求额；β_i^r 为农村在校学生对第 i 种预算内基础教育经费的边际需求倾向。

由式（6-9）进一步整理得到：

$$V_i^r = (V_i^{r0} - \beta_i^r \sum_{i=1}^{n} V_i^{r0}) + \beta_i^r Y, \quad i = 1, 2, \cdots, n \quad (6-10)$$

令 $\alpha_i^r = V_i^{r0} - \beta_i^r \sum_{i=1}^{n} V_i^{r0}$，则得到式（6-11）：

$$V_i^r = \alpha_i^r + \beta_i^r Y^r \qquad (6-11)$$

对式（6-11）采用最小二乘法估计可以得到参数 α_i^r、β_i^r。

对 $\alpha_i^r = V_i^{r0} - \beta_i^r \sum_{i=1}^{n} V_i^{r0}$ 采取两边求和、合并计算的方式，可以得

到农村基础教育经费的最低需求额：$\sum_{i=1}^{n} V_i^{r0} = \dfrac{\sum_{i=1}^{n} \alpha_i^r}{1 - \sum_{i=1}^{n} \beta_i^r}$。

同样方法可能推算出城镇基础教育经费的最低需求额。

6.2　变量选取与数据采集

6.2.1　江西省城乡基础教育人力资源变量及数据处理

根据城乡基础教育均衡发展的测度指标体系中的人力资源指标，主要考察江西省城乡间小学（初中）师生比变量、城乡间小学（初中）生均高学历教师变量在 2005～2014 年的均衡发展过程。

其中，江西省农村小学（初中）师生比数据根据历年《中国教育统计年鉴》中的小学（或初中）教职工数（总数、农村）、小学（或初中）在校学生数（总数、农村）的数据整理得到；城镇小学

（初中）师生比数据则等于全省小学（或初中）教职工数减去农村小学（或初中）的差额除以全省小学（初中）在校学生数与农村小学（初中）在校学生数的差额。江西省城乡高学历教师比例数据中的高学历教师是指高中学历以上的，不含高中阶段毕业的教师数，等于中专任教师数减去高中阶段毕业的教师数。

6.2.2 江西省城乡基础教育财力资源变量及数据处理

根据城乡基础教育均衡发展的测度指标体系中的财力资源指标，主要考察江西省城乡间小学（初中）生均预算内教育经费、城乡间小学（初中）生均人员经费、城乡间小学（初中）生均公用经费与城乡间小学（初中）生均基本建设经费变量在 2005~2014 年的均衡发展过程。

其中，全省、农村小学（初中）名义生均预算内教育经费、名义生均人员经费、名义生均公用经费、名义生均基本建设经费数据源于历年《中国教育经费统计年鉴》；城镇小学（初中）名义生均预算内教育经费、名义生均人员经费、名义生均公用经费、名义生均基本建设经费并没有直接给出，以城镇小学（初中）名义生均预算内经费数据为例，城镇小学（初中）名义生均预算内经费=［全省小学（初中）名义生均预算内教育经费×全省小学（初中）在校学生数－农村小学（初中）名义生均预算内教育经费×农村小学（初中）在校学生数］/城镇小学（初中）在校学生数。以相同的方法计算出城镇小学（初中）名义生均人员经费、名义生均公用经费、名义生均基本建设经费。

然后将全省、城镇、农村小学（初中）名义生均预算内教育经费、名义生均人员经费、名义生均公用经费、名义生均基本建设经费以 2005 年为基期，通过江西省人均 GDP 指数进行平减，计算出全省、城镇、农村小学（初中）真实生均预算内教育经费、真实生均人员经费、真实生均公用经费、真实生均基本建设经费。

6.2.3 江西省城乡基础教育物力资源变量及数据处理

根据城乡基础教育均衡发展的测度指标体系中的财力资源指标，主要考察江西省城乡间小学（初中）生均计算机数量、生均仪器设备值数据变量在2005～2014年的均衡发展过程。

其中，农村小学（初中）生均计算机数量、生均仪器设备值数据根据历年《中国教育统计年鉴》中的"小学（初中）办学条件二"的"教学仪器设备资产值""计算机数"数据及小学（或初中）在校学生数（农村）的数据整理得到；城镇小学（初中）生均计算机数量、生均仪器设备值数据则需将全省小学（初中）计算机数量、仪器设备值减去农村相应数值后再除以城镇小学（初中）在校学生数整理得到。

6.3 实证分析与结果讨论

6.3.1 绝对指标的衡量

（1）江西省城乡基础教育人力资本均衡发展的实证分析。

①从江西省城乡基础教育人力资本的数量情况来看，城镇小学、初中的教职工数量在不断增加，2005～2014年分别从63258人、60990人增加到110508人、89941人；而农村小学、初中的教职工数量出现了不同幅度的缩减，分别从2005年的137033人、55578人减少到86309人、31448人，具体情况（如表6-2所示）。

表 6 - 2   江西省城乡基础教育教职工数量   单位：人

年份	城镇小学	农村小学	城镇初中	农村初中
2005	63258	137033	60990	55578
2006	55683	147308	50728	63494
2007	68026	138147	54322	58139
2008	70491	135177	55752	57502
2009	64046	144656	52414	65486
2010	19000	147290	54198	66227
2011	99842	95778	86358	36453
2012	103438	92034	87896	34875
2013	106835	88902	88635	32848
2014	110508	86309	89941	31448

从城乡基础教育教职工数量的对比关系来看，城镇小学、初中的教职工数量逐渐超过了农村地区，城乡基础教育教职工数量差异较为明显。同时，根据相关资料显示，江西省农村地区因为师资资源紧张还存在一定数量的临时代课教师，而代课教师的质量整体不断下降，直接影响到江西省农村地区基础教育水平的提升。

②从江西省城乡基础教育人力资本的质量情况来看，城乡小学（初中）教师素质整体不断提高。其中，城乡小学生均高学历教师分别从 2005 年的 2.76 人、1.69 人提高到 2014 年的 4.40 人、4.40 人，城乡初中生均生均高学历教师分别从 2005 的 5.89 人、4.40 人提高到 6.71 人、6.04 人，具体情况如表 6 - 3 所示。

从江西省城乡基础教育人力资源的质量差异来看，江西省城镇基础教育阶段的生均高学历教师数量超过了农村地区，这表明城乡基础教育的人力资源尚未完全实现均衡发展。主要是因为农村地区的环境相对较差，缺乏相应的政策扶持制度，使更多高学历的优秀教师纷纷选择在城镇地区发展。

表 6 – 3　　　　　江西省城乡基础教育生均高学历教师情况

单位：教师/百位学生

年份	城镇小学	农村小学	城镇初中	农村初中
2005	2.76	1.69	5.89	4.40
2006	2.99	2.00	6.12	4.67
2007	3.07	2.14	6.64	5.38
2008	3.24	2.29	6.64	6.28
2009	3.54	2.64	6.47	6.74
2010	3.66	2.89	6.29	6.18
2011	1.15	2.93	6.27	5.96
2012	3.78	3.24	6.60	5.83
2013	4.00	4.00	6.71	6.04
2014	4.06	4.42	8.03	6.54

（2）江西省城乡基础教育财力资源均衡发展的实证分析。从江西省城乡基础教育财力资本的总体情况来看，城乡小学（初中）财政投入不断增加，基础教育经费总体水平不断提高。其中，城乡小学的生均预算内教育经费支出从 2005 年的 1010.73 元、1032.86 元增加到 2014 年的 2731.39 元、2791.20 元，期间城乡小学生均人员经费分别从 892.75 元、903.22 元增加到 2412.57 元、2440.86 元，城乡小学生均公用经费分别从 105.67 元、103.13 元增加到 285.56 元、278.70 元，城乡小学生均基本建设经费分别从 12.31 元、26.51 元增加到 33.26 元、71.64 元；城乡初中的生均预算内教育经费支出从 2005 年的 1082.78 元、1162.59 元增加到 2014 年的 2926.12 元、3134.78 元，期间城乡初中生均人员经费分别从 924.57 元、967.63 元增加到 2498.57 元、2614.92 元，城乡初中生均公用经费分别从 121.62 元、138.81 元增加到 328.66 元、375.12 元，城乡初中生均基本建设经费分别从 36.59 元、56.15 元增加到 98.88 元、151.74 元，具体情况如表 6 – 4、表 6 – 5 所示。

表6-4　江西省城乡小学生均预算内教育经费支出

单位：元

年份	生均预算内教育经费			生均人员经费			生均公用经费			生均基本建设经费		
	全省	城镇	农村	全省	城镇	农村	全省	城镇	农村	全省	城镇	农村
2005	1025.63	1010.73	1032.86	899.80	892.75	903.22	103.96	105.67	103.13	21.87	12.31	26.51
2006	1151.78	1135.05	1159.90	1010.48	1002.56	1014.32	116.75	118.67	115.81	24.56	13.82	29.77
2007	1301.51	1282.60	1310.69	1141.84	1132.89	1146.18	131.92	134.10	130.87	27.75	15.62	33.64
2008	1465.51	1444.21	1475.84	1285.71	1275.64	1290.60	148.55	150.99	147.36	31.25	17.58	37.88
2009	1657.49	1633.40	1669.17	1454.14	1442.74	1459.66	168.01	170.77	166.66	35.34	19.89	42.84
2010	1876.27	1849.01	1889.50	1646.08	1633.19	1652.34	190.18	193.31	188.66	40.01	22.51	48.50
2011	2097.67	2067.19	2112.46	1840.32	1825.90	1847.32	212.62	216.12	210.93	44.73	25.17	54.22
2012	2315.83	2282.18	2332.16	2031.71	2015.80	2039.44	234.74	238.60	232.86	49.38	27.79	59.86
2013	2538.15	2501.27	2556.05	2226.76	2209.31	2235.22	257.27	261.51	255.22	54.12	30.45	65.60
2014	2771.66	2731.39	2791.20	2431.62	2412.57	2440.86	280.94	285.56	278.70	59.10	33.26	71.64

表6-5　　江西省城乡初中生均预算内教育经费支出

单位：元

年份	生均预算内教育经费			生均人员经费			生均公用经费			生均基本建设经费		
	全省	城镇	农村	全省	城镇	农村	全省	城镇	农村	全省	城镇	农村
2005	1120.44	1082.78	1162.59	944.89	924.57	967.63	129.73	121.62	138.81	45.82	36.59	56.15
2006	1258.25	1215.97	1305.59	1061.11	1038.30	1086.65	145.69	136.58	155.88	51.46	41.09	63.06
2007	1421.83	1374.04	1475.32	1199.06	1173.28	1227.91	164.63	154.33	176.15	58.15	46.43	71.25
2008	1600.98	1547.17	1661.20	1350.14	1321.11	1382.63	185.37	173.78	198.34	65.47	52.28	80.23
2009	1810.71	1749.85	1878.82	1527.00	1494.17	1563.75	209.65	196.54	224.33	74.05	59.13	90.74
2010	2049.72	1980.83	2126.83	1728.57	1691.40	1770.17	237.33	222.49	253.94	83.82	66.94	102.72
2011	2291.59	2214.57	2377.79	1932.54	1890.99	1979.05	265.33	248.74	283.90	93.71	74.84	114.84
2012	2529.91	2444.88	2625.08	2133.53	2087.65	2184.87	292.93	274.61	313.43	103.46	82.62	126.78
2013	2772.78	2679.59	2877.09	2338.34	2288.07	2394.62	321.05	300.97	343.52	113.39	90.55	138.96
2014	3027.88	2926.12	3141.78	2553.47	2498.57	2614.92	350.58	328.66	375.12	123.82	98.88	151.74

从江西省城乡基础教育财力资源的绝对差距情况来看，江西省城乡基础教育生均预算内经费差距、生均人员经费差距、生均公用经费差距、生均基本建设经费差距在一定程度上仍然存在，但差距并不大。这表明江西省城乡基础教育财力资源实现较好的均衡发展。

（3）江西城乡基础教育物力资源均衡发展的实证分析。从江西省城乡基础教育物力资本的总体情况来看，随着城乡小学（初中）财政投入不断增加，城乡基础教育基础设施总体水平不断提高。其中，城乡小学的生均计算机台数从 2005 年每百人的 3.30 台、1.45 台增加到 2014 年的 4.65 台、2.89 台，期间城乡初中的生均计算机台数从 2005 年每百人的 3.11 台、2.81 台增加到 2014 年的 9.51 台、7.21 台；城乡小学的生均仪器设备值从 2005 年的 372.74 元、167.51 元增加到 2014 年的 407.11 元、336.43 元，期间城乡小学的生均仪器设备值从 2005 年的 632.24 元、407.31 元增加到 2014 年的 910.82 元、739.66 元，具体情况如表 6-6 所示。

表6-6　　　　　江西省城乡基础教育生均物力资源

年份	生均计算机数（台/百人）				生均仪器设备值（元/人）			
	城镇小学	农村小学	城镇初中	农村初中	城镇小学	农村小学	城镇初中	农村初中
2005	3.30	1.45	3.11	2.81	372.74	167.51	632.24	407.31
2006	3.42	1.50	4.09	2.85	204.84	136.79	196.72	226.67
2007	3.37	1.45	5.56	3.60	213.33	106.43	280.41	576.56
2008	3.35	1.56	6.28	4.42	216.77	101.24	293.07	662.47
2009	3.08	1.37	4.94	3.87	260.60	102.07	289.52	320.00
2010	3.17	1.42	4.71	3.95	244.62	108.15	283.87	326.16
2011	3.35	1.27	6.44	5.06	237.58	154.93	467.62	494.39

年份	生均计算机数（台/百人）				生均仪器设备值（元/人）			
	城镇小学	农村小学	城镇初中	农村初中	城镇小学	农村小学	城镇初中	农村初中
2012	3.66	1.49	7.00	5.51	254.87	246.85	500.11	478.71
2013	4.29	1.92	9.05	5.97	341.99	305.15	745.02	578.63
2014	4.65	2.89	9.51	7.21	407.11	336.43	910.82	739.66

另外，从江西省城乡生均建筑面积、生均占地面积来看，城乡均不断增长，但是农村小学、初中的面积均超过城镇地区（如表6-7所示）。以生均建筑面积为例，2005~2014年城乡小学生均建筑面积分别从4.33平方米、5.56平方米增加到4.47平方米、7.91平方米，城乡初中生均建筑面积分别从5.54平方米、5.68平方米增加到9.01平方米、14.14平方米。这主要是因为相对城镇地区的土地稀少，农村地区的土地面积相对较多，也更容易获得，从而使农村地区基础教育用地相对更多，并且这种差距随着江西省进一步对农村基础教育的投入力度加大将进一步扩大。但是如果结合建筑危房的情况来看，根据《中国教育统计年鉴》的相关资料显示，江西省农村地区小学、初中的危房面积略高于城镇。

表6-7　　　　　　江西省城乡基础教育生均物力资源　　　　单位：平方米

年份	生均建筑面积				生均占地面积			
	城镇小学	农村小学	城镇初中	农村初中	城镇小学	农村小学	城镇初中	农村初中
2005	4.33	5.56	5.54	6.86	12.67	20.91	24.41	28.82
2006	3.90	5.48	4.70	8.17	10.52	20.91	27.28	33.63
2007	4.04	5.49	5.77	8.86	46.34	2.09	28.73	36.17
2008	4.16	5.53	6.75	9.13	11.74	20.97	28.22	36.96
2009	3.91	5.83	7.03	9.18	11.48	21.38	26.64	35.51

年份	生均建筑面积				生均占地面积			
	城镇小学	农村小学	城镇初中	农村初中	城镇小学	农村小学	城镇初中	农村初中
2010	3.88	5.91	6.81	9.02	9.65	22.10	26.12	34.80
2011	4.08	6.00	7.22	9.83	12.08	23.17	27.24	21.04
2012	4.09	6.36	7.34	10.71	11.92	24.56	28.70	40.85
2013	4.44	7.48	7.58	13.39	12.78	28.46	32.48	50.61
2014	4.47	7.91	9.04	14.14	12.01	28.91	31.81	50.32

从江西省城乡基础教育物力资源的差距情况来看，城乡基础教育生均计算机数、生均仪器设备值存在一定程度的差异。这表明江西省城乡基础教育物力资源的均衡程度尚需进一步提高。

6.3.2　相对指标的衡量

通过采用泰尔指数分析法衡量 2005～2014 年江西省城乡基础教育生均预算内教育经费支出的差异程度，具体的计算结果如表 6-8 所示。

表 6-8　　　江西省城乡基础教育生均预算内教育经费支出泰尔指数

年份	小学				初中			
	教育总经费	人员经费	公用经费	基建经费	教育总经费	人员经费	公用经费	基建经费
2005	0.0033	0.0018	0.0036	0.1662	0.0012	0.0009	0.0013	0.0094
2006	0.0039	0.0021	0.0043	0.1851	0.0006	0.0005	0.0002	0.0131
2007	0.0029	0.0016	0.0032	0.1545	0.0019	0.0014	0.0027	0.0050
2008	0.0027	0.0014	0.0029	0.1471	0.0023	0.0002	0.0007	0.0160

年份	小学				初中			
	教育 总经费	人员经费	公用经费	基建经费	教育 总经费	人员经费	公用经费	基建经费
2009	0.0034	0.0018	0.0037	0.1684	0.0043	0.0026	0.0088	0.0417
2010	0.0034	0.0018	0.0037	0.1692	0.0032	0.0019	0.0068	0.0353
2011	0.0007	0.0004	0.0009	0.0363	0.0129	0.0083	0.0232	0.0630
2012	0.0013	0.0007	0.0016	0.0160	0.0145	0.0094	0.0263	0.0736
2013	0.0021	0.0011	0.0025	0.0135	0.0173	0.0112	0.0316	0.0922
2014	0.0027	0.0014	0.0031	0.0341	0.0169	0.0109	0.0307	0.0891

从江西省城乡基础教育生均预算内各项经费支出的泰尔指数计算结果来看，整体上小学生均预算内教育经费支出差异呈振荡下降的趋势，2005～2014 年城乡生均预算内教育经费泰尔指数、生均人员经费指数、生均公用经费指数、生均基建经费指数分别从 0.0033、0.0018、0.0036、0.1662 振荡下降到 0.0027、0.0014、0.0031、0.0341，其中城乡小学生均基建经费泰尔指数相对较高，这表明城乡小学预算内教育经费支出差距主要表现在基建经费支出方面，其次是公用经费支出方面；相对于小学生均预算内教育经费较小的差距，初中差距呈不断扩大的趋势，2005～2014 年城乡初中生均预算内教育经费泰尔指数、生均人员经费指数、生均公用经费指数、生均基建经费泰尔指数分别从 0.0012、0.0009、0.0013、0.0094 增加到 0.0169、0.0109、0.0307、0.0891，其中均为基建经费支出差距最大、公用经费支出差距次之、人员经费支出差距最小。

6.4 本章小结

通过对江西省城乡基础教育均衡发展指标的构建，分别采用绝对指标和相对指标对 2005～2014 年江西省城乡基础教育均衡发展水平进行测度，结果表明：

（1）江西省城乡基础教育师资数量和师资质量的差异仍然存在，其中城镇小学、初中的教职工数量超过了农村地区，并且江西省农村地区还存在一定数量的临时代课教师，而代课教师的质量整体不断下降，直接影响到江西省农村地区基础教育水平的提升；江西省城镇基础教育阶段的生均高学历教师数量超过了农村地区。

（2）江西省城乡基础教育的公共财政支出还存在一定程度上的差异，同时结合城乡小学、初中生均预算内教育经费支出的泰尔指数来看，整体上小学生均预算内教育经费支出差异呈振荡下降的趋势，初中生均预算内教育经费支出差距呈振荡上升的趋势，城乡初中的差距超过了城乡小学，并且城乡基础教育预算内经费支出差异最为明显的均为基建经费支出，其次是公用经费支出，最后是人员经费支出。

（3）江西省城乡基础教育的物力资源差距虽然从城乡生均建筑面积、生均占地面积上来看农村优于城镇，但结合建筑危房面积来看，农村物力资源的质量低于城镇。而在生均计算机数、生均仪器设备值方面，城镇基础教育的优势较为明显。

参 考 文 献

［1］代文毅．基于统计数据的我国城乡义务教育时空非均衡发

展研究 [D]. 华中师范大学, 2013.

[2] 段存章. 中国地区收入不均等的测度及影响因素解释 [D]. 安徽工业大学, 2012.

[3] 郭晓明, 伏润民. 我国城乡义务教育发展差距测度分析 [J]. 商情, 2011 (8): 129 - 130.

[4] 李岩. 中国城乡教育公平度综合评价研究 [D]. 东北大学, 2011.

[5] 李鹏, 朱德全. 义务教育学校标准化建设: 进程、问题与反思——基于2010~2014年全国义务教育办学条件数据的测度分析 [J]. 清华大学教育研究, 2016, 37 (1): 110 - 117.

[6] 林奥京, 刘俊昌, 陈文汇. 城乡居民收入差距测度及其影响因素研究——以浙江省为例 [J]. 全国商情: 经济理论研究, 2010 (12): 6 - 7.

[7] 林少萍. 中国居民收入差距测度和影响因素及其对经济增长空间效应研究 [D]. 暨南大学, 2016.

[8] 刘晓花. 江西省城乡居民收入差距的测度与影响因素分析 [D]. 江西财经大学, 2016.

[9] 胡德鑫. 我国城乡教育公平程度的区域比较研究 [J]. 当代教育科学, 2017 (3): 14 - 18.

[10] 马学德. 县域城乡义务教育师资配置差异状况研究——以宁夏回族自治区为例 [J]. 宁夏师范学院学报, 2016 (1): 147 - 151.

[11] 石艳. 我国区域教育差距对收入差距影响的实证研究 [D]. 苏州大学, 2013.

[12] 陶娟. 我国省域城乡教育差距与绩效测度 [D]. 湖南大学, 2010.

[13] 王良健, 胡盛娟, 陶娟. 我国省域城乡教育绩效分析——基

于 DEA 方法（1998～2007 年）[J]. 教育科学, 2010 (5)：33－37.

[14] 姚继军, 张新平. 新中国教育均衡发展的测度 [J]. 华东师范大学学报（教育科学版）, 2010 (2)：33－42.

[15] 姚继军. 发达省份基础教育优质均衡发展的量化测度——以江苏省为例 [J]. 教育科学, 2014 (2)：39－42.

[16] 于成学. 中国区域经济差异的泰尔指数多指标测度研究 [J]. 华东经济管理, 2009 (7)：40－44.

[17] 袁达谱. 江西省城乡一体化测度及财政支持政策研究 [D]. 江西财经大学, 2016.

[18] 张文, 郭苑. 中国城乡教育水平差距的测度——基于东中西部地区 2006～2009 年教育基尼系数的实证分析 [C]. The 2011 international conference on education science and management engineering. 2011.

[19] 赵丹, 于振伟. 黑龙江省城乡居民收入差距影响因素测度 [J]. 安徽农业科学, 2017 (14)：228－230.

[20] 张心晨. 中国城乡居民收入差距的适度性：测度与评析 [D]. 郑州大学, 2015.

[21] 张小华. 中国教育不平等测度及影响因素分析 [D]. 浙江工商大学, 2014.

[22] 朱庆丽. 浙江省城乡居民收入差距的测度及影响因素研究 [D]. 浙江财经大学, 2015.

[23] 朱亚丽. 义务教育资源配置发展测评模型的构建研究 [D]. 西南大学, 2015.

7

国内外城镇化进程中城乡基础
教育均衡发展的实践

基于全球化、现代化的视野，城镇化这一全面深刻的社会变革必然会对农村经济社会发展、特别是农村教育产生重要影响，对城乡基础教育均衡发展带来重大考验。可以说，城乡基础教育均衡发展问题已经成为当今国际社会广泛关注的话题，也是当下各国政府必须予以积极面对并探索解决的难题。国外一些国家、特别是发达国家从自身国情出发，从不同的侧面、不同的角度，在促进城乡基础教育均衡发展方面形成了许多值得借鉴的有益经验和做法。我国的一些地方也在教育公平理念的指导下，结合自身实际情况，对城乡基础教育均衡发展上做出了有效探索、并取得了较好成效。本章主要通过对部分国家及我国一些地区在城镇化背景下城乡基础教育均衡发展方面的实践探索进行梳理、归纳、总结，并得出一些经验启示，以期对新形势下城乡基础教育均衡发展提供借鉴与参考。

7.1 国外主要经验做法

国外在推进城镇化进程中，为促进城乡基础教育均衡发展，采取了城乡基础教育均衡发展的政策,以及相应较为完善的城乡基础教育均衡发展制度,逐渐提升了农村基础教育质量,逐渐改变了城乡基础教育非均衡发展的状态。整体来看,城乡基础教育均衡性较好的国家和地区将基础教育作为国家战略的重要组成部分,对城市和农村实行统一的资源配置标准,通过这种具有平均主义的标准,保证城市居民和农村居民公平地享有基础教育。综合来看,国外国家和地区的做法主要包括:树立教育公平理念、完善义务教育法律法规体系、建立健全义务教育均衡发展的经费保障体制机制、均衡配置义务教育资源、改革农村基础教育等。

7.1.1 树立教育公平理念

理念是行动的先导。国外的教育公平理念最早形成于古希腊时期,具有明显的阶级性,真正意义上的教育公平理念可以追溯到20世纪,教育公平理念的不断更新和拓展有力地推动了各国城乡基础教育的公平发展。

从教育公平理念形成的时间维度分析,教育公平理念历经起点公平、过程公平、结果公平的发展历程。在第一次世界大战之前,西方发达国家的教育公平理念以起点公平论为主导,在基础教育领域的公平问题主要涉及贫困地区或弱势群体子女是否享有机会均等的入学机会。美国教育之父——霍拉斯·曼(Horace Mann)指出教育是天赋的民权,民主国家应保障人人享有平均的教育机会,建立社会各阶层、各教派子女都能享有相同教育的"普通学校"(Common School)。20世纪50年代以后,西方发达国家的教育公平理念则包含教育起点公平论、教育过程公平论和教育结果公平论。瑞典教育家胡森认为教育起点公平是基础,教育过程公平是重要的途径,教育结果公平是目标,教育公平理念是三种公平的综合体。

从教育公平理念具体表现的维度分析，主要有三种表现形式：一种是以高福利、高税收为特征的北欧福利国家，推崇的是所有教育都应由政府包办下来。在北欧国家较为普遍的现象是，从幼儿园到大学，基本上是政府花钱，或者采取在收取高额学费的同时，给予很多的优惠、奖学金与贷款。一种是私立教育与公立教育不尽相同的美国，大量的公立学校主要将扶贫救助作为主旨。如深受新自由主义影响的美国罗斯福政府，实施基础教育的弱势补偿原则，以矫正社会低收入阶层、少数民族、女性等弱势群体在基础教育方面的不平等状况。另一种是将基础教育视为公共选择的国家，这些国家从实现个人利益最大化原则出发，将基础教育的选择与提供采取市场化、民营化方式，最优化基础教育的供给水平。这种政策的实施也必然会对教育公平的程度产生负面影响。从发达国家在践行教育公平理念的这三种表现形式分析，不论是北欧福利国家的方式，还是以美国为代表的区分公立和私立的方式，以及尽可能地按照向民营化推进的方式，对于教育公平的理解均有一个共同的特征，那就是政府是保证最为基本公共服务公平的主体，将非基本的、非公共服务的公平由政府与社会共同协商解决。基于这一共同特征的教育公平理念践行模式，在一些经济发展水平较为落后的发展中国家推行时会存在比较大的障碍，其中主要缘由在于发展中国家的财力不够充分、财力保障能力有限，即使提出了相应的政策目标，也有可能因财力的制约而历经多年仍然难以实现。比如印度，印度在1950年制定的独立后的首部宪法当中，对义务教育作出专门性规定，提出"用十年时间为6～14岁儿童实施十年免费义务教育"，第一次在宪法中写入"免费与义务"（滕宏，2008）。但是，印度提出的这一目标，经过几十年的努力也没有实现。

此外，"全民教育"概念的提出，是国际社会对教育公平理念作出新阐述的理论成果之一，为各国城乡基础教育均衡发展提供了理论指导。"全民教育"指的是向人民提供知识、技术，以及价值观、人生观，使得他们能够自尊、自主地生活，不断学习，并为国家和人类做出贡献。随着新形势的发展和变化，"全民教育"的理念不断地被赋予新的内涵，相对较为权威的界定是国际组织对其作出的五个方面的归纳，即：有质量的全民教育、保障全民基本技能、全民的终身教育、更强的全民教育、全纳的全民教育（张力，2010）。整体来看，对于"全民教育"作出的这五个方面的归纳都是围绕"面向全面"来展开的。

在这里需要指出的是，"全民教育"理念的推行过程中，联合国教科文组织（United Nations Educational, Scientific and Cultural Organization）发挥着重要的作用。如在1990年的《世界全民教育宣言》，该组织指出了全民教育的内涵、目的、手段、范围等，各国的基础教育应保障学生的基本学习需要；2000年的《达喀尔行动纲领》进一步明确指出全民教育的六大发展目标，即到2015年实现文盲率下降、幼儿教育和初等教育高质量发展、男女教育平等、生活技能提高、教育质量提升等，以确保人们的基本受教育权利，满足人们最基本的学习需求。2015年的《教育2030行动纲领》指出进一步落实《仁川宣言》中全民优质教育公平发展的具体要求，"促进全民终身学习"。因此，从联合国教科文组织对全民教育理念的发展变化过程来看，"全民教育"已经从早期的人人"有学上"的最基础公平理念演变成新时期的人人"上好学"的有质量的教育公平理念。教育亦不再是一种工具而是实现教育的自身价值。

7.1.2 健全教育法律体系

整体来看，以立法的方式保障公民受教育权利与机会均等在国际社会达成了共识，形成了国际惯例。基于国际视野分析来看，主要发达国家和一部分发展中国家，基本上都通过教育立法的形式普及基础教育，从而为城乡基础教育的均衡发展奠定坚实的法律基础。

美国基础教育均衡发展的法律体系构建。第二次世界大战后的美国在经济恢复过程中不断重视基础教育公平对国家经济发展的重要作用，并且认为基础教育公平的实现是民主自由的重要体现。但是，美国长期的种族隔离政策使黑人等少数民族子女在基础教育领域并没有享有人人公平的受教育权利。1954年著名的"布朗案"判决了传统的"隔离但平等"的公共教育是对宪法中所规定"人人享有平等接受教育权利"的违背，对美国逐渐消除基础教育领域的种族隔离产生了重要影响，影响了美国国民教育制度及基础教育的普及。但是，该案并没有规定各州如何消除基础教育领域种族隔离的具体做法，亦没有给出基础教育种族平等的具体判别标准，从而在很长的一段时间内，各州在保障少数民族子女的基础教育权利时更多的是形式上公平的做法，忽略了少数民族子女基础教育质量方面的提升，即事实上的基础教育非公平现象仍然长期存在。四年之后的《国防教育法》第一次从法律层面明确联邦政府的教育职责，并从国家经济安全、国家政治安全、国家社会安全的角度指出，在目前的经济社会发展状态下教育，尤其是基础教育的公平发展对国家人力资源的开发和技术水平提高的重要性，联邦及各州等地方政府应为所有公民享有公平的基础教育权利建立相应的基础教育经费保障机制，改变了公立学校经费全部由各州支付的状况，创造了美国历史上由联邦政府直接拨款、全面扶持教育的先例。1964年颁布实施的《民权法》共11条，其主要目的在于全面消除美国境内的种族歧视，如规定"公立学校中禁止种族隔离""在联邦资助的计划中禁止种族、肤色、国籍等歧视"等。根据该法案的有关规定，联邦司法部门可以对种族、肤色、国籍等歧视行为进行起诉，具体表现在教育领域可以通过联邦资助资金的停发、取消等方式，惩处联邦教育部门的歧视性行为，促进联邦教育部门制定公平的政策。自此，美国联邦部门的教育职能转变为全国公民提供平等的教育公共产品，承担教育决策的职责。同年的《经济机会法》通过对贫困家庭儿童实施免费教育计划、对失业青年的职业再培训计划、对社会底层群众的社会行动计划等，保障社会贫困群体的受教育权利，防止出现因教育的不平等而陷入经济贫困的恶性循环。1965年美国历史上第一个具有教育补偿意义的《初等和中等教育法》是美国教育进入联邦主义时代的标志。也正是这一法案的实施，联邦政府对教育经费的投入大幅度增加、对教育事业的干预也不断增强，还首次规定提供的资助达13亿元，较原有的翻了一番，逐渐改变了联邦政府在之前的教育资助零碎化的状况。1975年的《所有残疾儿童教育法》规定联邦及各地方政府要针对残疾儿童的实际情况，赋予其适宜的、个别化的、免费的基础教育，减少残疾儿童在接受基础教育时所可能面临的各种限制性条件，多方面、全方位地保障残疾儿童的公平受教育权利。2002年颁布实施的《不让一个孩子掉队》法案，启动了1965年后最为重要的一次联邦教育改革，提出了强化责任制的条款，拨付了历史上最高的523亿美元的资金，以法律的手段推行一种全新的教育理念、方式与模式。美国基础教育的均衡发展与制订实施相关的教育法律是密不可分的。正是由于一系列法律的强制性、规范性，促进了美国州与州之间、州内不同的学区和群体、特别是弱势群体在基础教育资源上的均衡化，在制度上保证了教育公平，促使教育不平等问题得到较好的解决。

日本基础教育法律体系的构建。日本通过《宪法》《教育基本法》《义务教育费国库负担法》《义务教育标准法》《偏僻地区教育振兴法等法律》等，为基础教育的均衡发展提供了一系列法律保障。日本《宪法》的第26条明确了义务教育的无偿性，所有国民子女享有无偿地接受基础教育的权利，同时所有国民根据自身能力平等接受教育。根据日本《宪法》的规定，日本的基础教育同时具有公平性和无偿性特征。日本《教育基本法》的第 4 条、第 16 条指出，"所有国民，必须得到接受平等的、适应其能力的教育的机会，教育不因人种、信条、性别、社会身份、经济地位或门第而有差别。""国家必须为使全国的教育机会均等及教育水平的维持提高，制定、实施综合性教育政策措施。"由于日本各地方经济发展水平并不一致，需要中央政府承担均衡各地区基础教育均衡发展的职责，为此日本还出台了《义务教育费国库负担法》《地方交付税法》，分别从中央政府、地方政府规定其各自承担基础教育供给责任的财政资金筹措途径。1951 年，日本还针对家庭困难子女上学难的问题颁布了《关于国家援助就学困难学生的法律》，要求地方政府对这部分困难家庭子女上学采取学习用品、学习过程中的交通费等其他学费和杂费免费的措施，同时中央政府给地方政府相应的补贴。针对偏远地区学校师资力量不足、质量不佳的情况，日本在1954 年还颁布了《偏僻地区教育振兴法》，加强了对偏僻地区基础教育师资的培养力度，加大了对偏僻地区基础教育的财政支持力度，完善了偏僻地区师资的培训制度等。1958 年，日本还针对基础教育的标准化建设专门出台了《义务教育标准法》，使办学条件、师资力量、课程设计等在日本各地区实现标准化，促进了日本基础教育的均衡发展。

印度在 1986 年的《国家教育政策》中明确规定了对弱势群体（如"表列种性"和"表列部落"）的扶持措施，如弱势群体子女的基础教育奖学金计划、寄宿学校的建设、补偿性课程的设立、教学课程及教学材料的改革等。2009 年，印度颁布了《儿童接受免费义务教育权利法》，进一步明确了适龄儿童的免费受教育的权利，以及各级地方政府对弱势群体儿童的教育支出职责。

7.1.3 强化教育经费保障

城乡基础教育的均衡发展离不开财政资金的有效投入，通过财政资金的投入可以满足城乡基础教育均衡发展的教育财政充分性要求。从各国政府的实践来看，各国政府主要从教育的投资体制、政府教育经费投入的保障机制、教育经费转移支付机制、教育经费绩效考核监督机制等方面强化对基础教育的经费保障。

（1）根据各国国情建立相应的教育投资体制。由于各国政治、经济、文化等背景的不同，各国的教育投资体制相异，从而导致各国对基础教育均衡发展的具体措施亦存在差别。总体来看，全球的教育投资体制主要有3种类型，即分散型、相对集中型、集中型。其中，分散型教育投资模式的国家主要有美国、德国、加拿大、澳大利亚、比利时、日本等；相对集中型教育投资模式的国家主要有法国、意大利、荷兰、韩国等；集中型教育投资模式的国家主要有葡萄牙、西班牙、新西兰等。在分散型教育投资模式中，投资主体主要是省、邦、州、都道府县等地方政府，其教育投资占比一般均高于中央政府的教育投资比重，其中美国州和地方政府教育投资占比平均为93%，比利时地方政府教育投资占比亦占90%左右，德国地方政府教育投资占比平均为76%。在相对集中型教育投资模式中，法国、意大利等国家的基础教育投资主体基本上以中央或省级政府为主，其基础教育投资占比平均都超过了53%。在集中型教育投资模式中，基础教育的投资主体是中央政府，该基础教育投资占比高达100%。

（2）建立政府经费投入的法律保障机制。各国不仅通过立法明确人人享有公平的教育权利，还明确了各级政府在基础教育方面的供给责任，规定了各级政府在基础教育经费投入范围等。美国的

《初等和中等教育法》首次明确提出联邦政府对低收入家庭实施财政补贴，明确了联邦政府基础教育经费的支出责任；1974 年的美国《教育机会均等法》规定美国联邦政府对弱势群体的基础教育补偿责任，使 1990 年联邦政府的基础教育财政补贴上涨到 44.9 亿美元，比 1970 年的 13.4 亿美元增长了 2.35 倍；并且自 2002 年的《不让一个孩子掉队法》实施以来，美国联邦政府在弱势群体教育、特殊教育、儿童营养方面的教育财政补贴在 2014 年分别上升为 155.5 亿美元、125 美元、204 亿美元。日本通过《学校教育法》《义务教育国库负担法》《地方财政法》《公立学校设施灾害修复费国库负担法》《义务教育诸学校设施费国库负担法》进一步明晰了中央政府、地方政府及私人机构在基础教育投入方面的职责。其中，中央政府承担国立学校的教育经费，纳入国家财政预算范围；地方政府（都道府县或市町村）承担公立学校的教育经费，纳入地方财政预算；学校法人承担私立学校的教育经费，同时通过国家和地方政府的财政补贴、社会集资弥补其教育经费的不足。另外，巴西国家的宪法明确了联邦、省、市政府的教育经费投入占比，其中联邦政府的教育财政预算占比超过 13%，州政府的教育财政预算占比应超过 25%，市政府的教育财政预算应不低于 25%。

（3）建立教育财政转移支付的制度。规范、有序的教育财政转移支付机制是实现各国城乡基础教育均衡发展的重要机制。目前，各国基于本国国情建立了旨在促进基础教育均衡发展的财政转移支付制度。各国财政转移支付制度因各国的财政管理体制相异。从发达国家的财政管理体制来看，主要分为中央集权型、地方分权型、集权与分权相结合型等三种类型。其中，中央集权型国家的中央政府主要通过转移支付的方式，平衡各地区基础教育的发展。如法国的中央政府承担了地方政府基础教育经费的 70% 以上，每年通过转移支付的方式，将财政资金转移给地方政府，用于地方政府基础教育发展所需，其中在教育财政资金的转移过程中，优先、重点将财政教育资金向偏远地区、农村地区倾斜，同时在农村地区采取集中办学的方式，提高财政教育资金的使用效率。地方分权型国家的中央政府（如美国的联邦政府）采取专项补助的方式用于履行对特殊困难群体提供均等基础教育方面的供给责任，而地方政府（如州政府）采取一般转移支付的方式，为各地区之间基础教育的均衡发展提供充足的经常性费用。德国的州政府承担了大约75%的基础教育经费开支，对于少量需要平衡的教育财政资金，采取账户拨款的方式将财政资金转移到市、镇政府的教师个人账户。而英国的地方政府承担了80%的基础教育经费，对于地方政府教育经费不足的部分主要通过中央财政转移的方式将资金直接拨付给地方政府的教育部门。集权与分析相结合国家的财政教育转移支付主要采取国库支出金与地方交付税两种方式，其中中央政府的国库资金95%用于各地方的基础教育，采取专项转移的方式，用于基础教育的各项事业费、教材费、基建费等这方面的开支；地方交付税一般用于一般性转移支付，用于平衡各地区的基础教育非均衡状态。

（4）健全基础教育经费绩效考核监督机制。通过相关法律制定及教育经费投入的相关规定，基础教育经费具有充足性。但同时还需通过相应的制度安排以提高基础教育财政资金的使用效率。从各国的教育实践来看，基本上建立了相对较为完备的纵向与横向的基础教育绩效考核监督机制。英国早在1992年建立了非行政的教育标准办公室，并根据英国《教育法》的相关规定，对英国的公立学校教育资金的使用进行日常监督，提高基础教育资金的使用效果。巴西在1998年成立了非官方的基础教育发展基金会，采取社会监督的方式对基础教育经费的投入规模、投入结构、使用范围等进行监督，较有效地推动了基础教育资金的高效运转，有利于该国基础教育的普及和质量的提升。另外，相对发达国家充裕的基础教育财政资金，发展中国家还积极地寻求国际机构的教育财政转移资金，如印度、巴西等国家近年来通过联合国教科文组织、联合国儿童基金会、世界银行等国际组织的资金援助，有力地助推了该国城乡基础教育的均衡发展。

7.1.4 均衡城乡资源配置

主要由于国家各地区的经济社会发展水平、政治经济体制、文化社会背景等多因素的影响导致一国内部的基础教育水平，如城乡基础教育、地区基础教育存在不同程度的差异。各国为了促进城乡、地区间基础教育的均衡发展，采取了与本国国情相适应的、均衡城乡基础教育资源配置的一系列政策及措施。总体来看，城乡资源配置的均衡政策与措施主要表现在城乡办学的条件方面。办学条件主要体现在两个方面，即硬件和软件。硬件资源的均衡主要表现在基础设施的均衡，软件资源的均衡则主要表现在师资队伍的均衡。

（1）硬件资源的均衡配置。

日本基础教育硬件资源的均衡配置措施。根据 1947 年的日本《学校教育法》中第 3 条的相关规定，对于中小学校的设置基准，应"遵照文部大臣制定的设备、编制及其他相关基准设置。"根据《学校教育法》对基础教育阶段班额的规定，为解决"捏寿司式班级"的问题，明确了中小学班额不能超过 50 人的基本标准。同时日本通过《小学校令》等规定颁布了学校基础设施的标准，如包括学生桌椅在内的教室内部结构、走廊、运动场所等的教学基础设施标准等，具体情况如表 7 - 1 所示。

表 7 - 1　　　　　日本小学、初中校舍、运动场最低标准

校舍面积（平方米）		
学生数	小学	初中
1 人以上 40 人以下	500	600
41 人以上 480 人以下	500 + 5 ×（学生数 - 40）	600 + 6 ×（学生数 - 40）
481 人以上	2700 + 3 ×（学生数 - 480）	3240 + 4 ×（学生数 - 480）
运动场面积（平方米）		
1 人以上 240 人以下	2400	3600
241 人以上 720 人以下	2400 + 10 ×（学生数 - 240）	3600 + 10 ×（学生数 - 240）
721 人以上	7200	8400

　　同时，日本文科部科学省针对日本地质特征，规定了基础教育学校在基础设施建设方面的具体标准，同时根据基础教育信息化发展的要求，将基础教育学校建设成为具有预防地质灾害、防范事故发生、信息化、综合学习的高性能、多功能的中小学生学习与生活的场所。如《孤岛振兴法》《大雪地带对策特别措施法》《建筑基准法》《小学设施建设指针》《初中设施建设指针》《偏远地方教育振兴法施行令》等相关法律法规均对日本基础教育的硬件资源配置做出了相应的规定。另外，日本为了实现城乡基础教育硬件资源的均衡配置，还针对落后地区、弱势群体的基础教育硬件资源的配置情况，采取中小学校硬件配置上的一体化措施，使得城乡中小学校的设施、教学设备达到规范化、标准化，也为农村学生、特别是偏远落后农村地区的学生像城市学生一样接受最为先进的教育创造了基本条件。

　　韩国基础教育硬件资源的配置措施。首先，韩国根据 1953 年《义务教育六年计划》对基础教育的硬件设施实施标准化，并根据1969 年《学校设施及设备基准令》对韩国基础教育阶段学校实现校

舍设施、设备配备的标准化。其次，韩国政府根据《大韩民国宪法》确定的基础教育公平原则、无偿性原则，实施了对弱势地区的重点扶持政策，并通过《岛屿、偏僻地区教育振兴法》规定财政资金应重点向这些落后地区倾斜，解决该地区中小学校舍资源不足的问题。

（2）软件资源的均衡配置。

城乡基础教育软件资源配置最突出的问题主要集中在城乡师资水平方面。各国针对基础教育师资的非均衡发展，通过立法，颁布法规，完善相应的制度安排。在师资待遇方面，许多国家将城乡中小学教师的工资全部纳入公务员系列，并通过相应的法律法规明确各级政府对基础教育阶段教师工资的支出职责。其中，既有以中央政府独立承担基础教育师资工资的支出责任，如法国、埃及、韩国等通过中央财政预算安排专门的教育资金；有以州政府财政独立承担的基础教育师资工资的支出责任，如德国、印度等国家；亦由中央与地方政府共同承担的基础教育师资工资的支出责任，如日本。美国则采取州与地方政府共同承担基础教育师资工资的支出责任。

针对落后地区的基础教育师资不足的问题，各国采取了各项积极的措施，鼓励师资向落后地区流动。美国通过农村教育成就项目（REAP项目），采用专项财政拨款的方式，为落后地区增强基础教育师资力量提供财力支持。日本根据《偏远地方教育振兴法施行令》的相关规定，依据偏僻地区的具体情况，将其划分成相应的等级，并实施相应的财政补贴政策，如对偏远地区的学校教职员工给予的特殊津贴超过全国标准最大额的25%；并且为这些偏远地区的教职工提供进修所需的费用；充实偏远落后地区教职员工的各项福利和医疗保险，同时给予学校教师及其家庭医疗费、交通费、施行费等费用；对偏僻地区教师参加的各种教育研究交流会给予1/2的培训经费补贴，并且每年该补助额度不断增加；建立校长教师定期流动制度，其中任职满 5 年的教师每 5 年轮岗，资历较深的基础教育阶段学校校长每两年进行轮岗。韩国也将师资数量、质量的公平作为基础教育阶段资源配置的重中之重，该国基础教育阶段的教师每 4 年流动一次，校长则是每两年轮岗一次。菲律宾对农村中小学教师实施了各项补贴，该国农村中小学教师不仅享有基本工资，还享有艰苦工作津贴，如特别交通补助等。

7.1.5 推进农村教育革新

世界各国一方面积极实施针对农村地区和弱势群体的补偿政策，一方面大力采取以课程改革为突破口的农村基础教育质量提升举措。这两个方面具有共同的目标指向，即推进农村教育革新。

（1）针对偏远地区以及贫困学生采取保障入学的措施。很多国家为保障偏远与农村等地区儿童的入学机会公平，促使偏远地区和农村地区儿童的入学保留率和学业得到有效保障，都采取了多样化的扶持措施。韩国用法律来强制实行免费的基础教育，采取"逆向普及"的政策，先是在农村、渔村、岛屿等贫穷落后的地区实行，然后逐渐过渡到发达地区。巴西于 1995 年在基础教育阶段启动实施了向贫困家庭儿童的母亲提供现金补助的"助学补助金计划"，以及专门为农村学生提供交通工具的全国学校交通计划，主要目的是提高学生出勤率，创造条件保证农村学生接受教育。澳大利亚采取形式多样、惠及面广的农村寄宿制学生的补贴政策，使得该国偏远地区六成至九成的家庭从中受益，大大减轻了这些家庭为子女接受基础教育所需要承担的经济压力。埃及政府针对边远地区开设单班学校、乡村学校，并对在这类学校读书的学生全部免费。印度通过一系列计划和措施来保证农村学生的入学率、保持率、出勤率。采取的提高社会处境不利群体的入学率计划，针对农村地区及其他落后地区的儿童建立住宿学校，并免费供应课本、文具、校服、午餐；全国基础教育营养资助计划为全国所有一至五年级的小学生（其中农村及落后地区的小学生作为重点实施对象）每日提供有营养价值的100克免费熟食。美国则非常重视农村流动学生教育权利的保障，1996年就实施了农村流动儿童计划，既直接为学生提供全方位服务，又促使家长参与到流动儿童的教育全过程，促进家长和儿童之间的互动交流，并利用暑期时间为由于流动生活而中断学业或错过教育机会的儿童开展补充式教育。

（2）针对农村基础教育质量提升采取改革创新的措施。从全球范围综合分析，无论是发达国家，还是发展中国家，均围绕农村这个特定环境，对农村中小学校设置及农村中小学课程进行改革，旨在提高农村基础教育质量，以实现城乡基础教育质量的均等化。

世界一些国家在推进城镇化快速发展的过程中，促进与农村社会、特别是农村学校发展的良性互动，开展了农村中小学合并运动，并形成了一些成功的经验做法。美国开展的持续时间长、影响范围广的农村"学校合并"运动是整个20世纪美国教育发展史的基本特征之一，对于解决乡村教育问题起到了积极作用，促使美国农村教育、农村社会环境发生了根本性变化。这场运动从19世纪末期开始一直持续到21世纪初，历经兴起、高潮、衰微三个阶段，呈现出动态调整的特点，采取的具体措施随着经济社会发展及教育理念的进步而调整；在资金支持上加大对农村教育的投入，以法律形式对学校合并予以确定，国家、地方、企业、学校均为学校合并与改组提供资金支持；社区在农村中小学校布局调整中发挥了积极作用，对学校合并与改组给予了支持和配合；注重对因为学校合并与改组过程中利益受到损失的群体采取补偿举措，如提供免费校车、免费午餐等。韩国于1970年开始发起的"新村运动"，是一场以推动农民自主自助为目标的乡村建设运动，促进了韩国农民素质的提升和农业与农村经济的发展，成为很多国家加快推进农村建设的样板。韩国通过这场新村运动，仅仅用30余年的时间，就走完了西方国家花费近百年时间的工业化道路，走上了农业现代化与农村城市化的发展道路，创造了令人瞩目的经济发展奇迹。在这场新村运动中，农村教育是其核心，注重强化农民的思想教育，以讲课、讨论、训练等方式培养人们正直诚实的价值观念，培育勤奋、奉献的主人公意识，倡导勤俭节约的生活方式。这对于农村基础教育的发展起到了极大的促进作用（周洪新，2013）。

为突出课程的适应性，世界各个国家普遍采用均权化的课程政策，对国家、地方、学校的课程实施多级管理，并且对基础教育课程进行均衡设置，适时调整基础教育的课程内容。在建立与调整课程结构时，世界各个国家均基于本国或本地区的农村经济、社会发展的实际情况及其现实需要出发，基于当地人口的总体文化素质基础，以及当前与未来对于农村人口素质规格的要求出发，调整并设置与农村发展需要相适应的课程。国外普遍较为重视农村学生对实用性知识的需求与学习，发达国家在基础教育阶段开设农业技术课程，向少年儿童普及"培养未来农民"的农业知识教育；发展中国家则注重在农村基础教育的内容中引入职业教育的元素，比如智利在初等教育阶段实施菜园计划，并以农村地区教育课程革新项目为抓手，根据学校所处环境的特征，选择农业科学入门、林业科学入门、渔业和水产养殖入门等农业知识进行教育。

7.2　国内典型实践探索

在城镇化进程中，城乡教育差别是一个无法回避的现实问题，尤其是随着国家统筹区域和城乡发展，加快推进城乡一体化建设，城乡基础教育差距作为重大社会关切，越来越引起国家、社会和公众的密切关注。不断深化改革、完善举措、消弭差距，大力推进城乡基础教育均衡发展已在全社会形成广泛共识。近年来，我国各地各级政府围绕这一核心问题，通过完善城乡基本公共服务均等化等手段，贯彻落实城乡一体化、乡村振兴等战略，在促进城乡基础教育均衡发展方面进行了积极探索。其中，上海市、吉林省、四川省成都市、甘肃省平凉市、江西省芦溪县等地的实践探索具有较强的代表性，本文将以这些省（市、县）为典型样本，对我国推进城乡基础教育均衡发展所进行的实践举措、经验做法进行系统梳理和归纳总结。

7.2.1 上海市义务教育均衡发展实践

上海市委市政府历来高度重视城乡义务教育均衡发展，通过强化政府责任，聚焦内涵提升，积极探索了一条具有上海特色的城乡义务教育均衡发展之路。2014 年 3 月，国家教育督导检查组对上海市 17 个区县的义务教育均衡发展情况进行了督导检查，认定上海市在义务教育均衡发展方面已基本达到了国家规定标准，成为我国首个全部区县通过认定的省市（沈祖芸，2014）。上海市在此基础上提出了"力争 2020 年率先实现义务教育现代化"的发展战略，进一步深化城乡义务教育均衡发展的内涵建设。总体而言，上海市的实践探索是以"办好每一所学校，教好每一个学生，成就每一个教师"为政策导向，通过财政统筹、师资交流、资源共享、督导评估等举措，不断加强专业引领、内涵建设和制度创新，初步形成了促进公平与追求卓越并举的上海义务教育均衡发展模式。其经验做法主要体现在以下六个方面：

（1）加大市级统筹，补齐困难区县财力保障"短板"。上海以加大市级教育财政转移支付力度为抓手，重点支持远郊区县、财政相对困难区县和人口导入区县以更好保障和更高标准发展义务教育。2008年所有郊区县实行了以区县为主的教育统筹管理体制，为缩小城郊学校办学条件、师资水平和教育质量的差距提供了制度保障。2014年全市用于郊区县和农村地区义务教育财政转移支付金额达到98.21亿元（全市区县财政教育转移支付总额为124亿元），占转移支付总量的79.2%，比2013年的77.4%增加了1.8个百分点。上海还通过统筹个别教育生均经费较高地区的部分财政教育资金，对口支援到相关困难郊区县推进义务教育均衡发展助"一臂之力"。

（2）应对人口变化，超前谋划教育资源布局规划。服务对象和发展环境的不断变化，对教育资源布局的科学性、前瞻性和长远性提出了新要求。随着城市布局的优化，中心城区大量人口向郊区导入，上海教育资源的承载量一度面临巨大压力。一方面，上海市坚持把教育公建配套建设项目作为义务教育均衡优质发展的基本保障。大力推进郊区学校建设工程，"十二五"期间在城乡接合部新建完成355所义务教育学校。另一方面，出台《上海市义务教育阶段学校办学基本标准》，设定了义务教育资源均衡配置底线，将郊区学校的软件、硬件配置标准与城区学校"拉"到同一水平。

（3）鼓励教师交流，全面提升郊区学校师资质量。教师是影响城乡义务教育均衡优质发展的核心资源。在推动城乡、区域教师校长的合作交流方面，上海探索出了一系列有效举措，例如，建立对口支教制度，即每年从中心城区至少选派20名优秀教师到郊区工作，帮助对口支教郊区教师提高教学能力，促进城区与郊区教师共同成长、协同发展；建立校长流动交流制度，即出台了促进义务教育阶段人才有序流动的指导意见，并在2013年首次统一选派9名中心城区晋升特级校长到郊区学校任职2年，通过校长跨区柔性流动，促进教育理念和发展举措的升级改造；实施"影子校长培训"项目，即每年选派郊区校长到市区优质学校挂职锻炼，近年来共对120多名农村学校校长进行了挂职培训和结对帮扶，有效提升了农村校长的治校能力；实施职称评审政策倾斜，即规定市、区重点中学和高级中学教师有农村学校初级中学教学经历的，优先评聘中学高级教师职务。

（4）创新共享机制，放大优质教育资源辐射效应。上海市通过深化改革，建立优质教育资源共建共治共享机制，采取委托管理、捆绑办学、学区化集团化等方式，推进城乡优质教育资源均衡配置。其一，通过市教委统筹协调，郊区县教育局委托，实施中心城区优质学校或机构对郊区农村薄弱学校托管工程。自 2007 学年启动农村义务教育学校委托管理工作以来，迄今为止已实施四轮，覆盖全市 17 个区县，先后派出支援机构 140 所（个），托管农村义务教育学校 120 所，惠及 3400 余个班级、11 万余名学生。其二，针对城市发展规划变化，上海教育行政部门组织市实验性示范性高中到郊区新城办分校。上海中学、上海交大附中、格致中学、复旦附中分别到临港、嘉定、奉贤南桥、青浦等新城开办分校，与总校实行师资统一调配、课程统一管理、考核统一实施。其三，充分发挥学区化和集团化的成片统筹、资源整合、优质资源共享的功能，推动城乡义务教育机构协同联动、均衡发展。自 2014 学年开始，徐汇区的华理学区、田林学区，闸北区的实验小学教育集团等一批学区和集团启动"先行先试"，至今已基本实现分期分批在全市逐步全面推行。

（5）注重专业引领，激发基层学校自主办学活力。上海市（区、县）政府和教育行政部门通过转变政府职能，从单纯依靠行政手段，转向更加注重思想引导和专业引领。其一，启动实施《上海市提升中小学（幼儿园）课程领导力三年提升行动计划（2010～2012 年）》，全面提升学校课程规划的能力、创造性落实课程方案的能力、学校课程更新与评估的能力。自 2010 年 4 月以来，每年都通过教研部门联合对义务教育阶段广大中小学校长实施课程领导力考评督导，有效引导了校长们回归本位、遵循规律，聚精会神抓管理、抓教学、抓质量。其二，以办好每一所"家门口的好学校"为发展目标，推进"新优质学校"建设工程。自 2011 年启动以来，先后组建了多个涵盖城乡义务教育不同基础、不同类型的"新优质学校"推进项目团队，入围学校不挑生源、不争排名、共享资源，"新优质学校"改革探索重新诠释了"公立学校"的多样性内涵。截至 2017 年，新优质学校集群发展的学校数量已达 250 多所，约占全市中小学总数的 1/4 强。其三，完善义务教育教学评价体系，丰富学业质量评价内涵。通过借鉴 PISA 测试和教育部学业质量监测的经验，探索建立全国首个地方版"中小学生学业质量绿色指标"，实现了对学生学习成就、幸福指数、身心健康、学业负担等在内的综合评价。

（6）强化监督保障，引导区县政府履行均衡发展职责。有力的监督是促进政府部门尽职履责，优化义务教育资源均衡配置的重要保障。新世纪以来，上海市就积极探索政府部门履行教育责任评价制度，2006 年初步建立了区县政府依法履责，促进义务教育均衡发展自评公报制度。以"明确三个涉及、落实三个交涉、实现三个增长"为核心内容，定期或不定期向社会公布市（区、县）政府尽职履责情况，有效促进了政府在推进城乡义务教育均衡发展方面的主导作用。例如，2011 年 10 月～2013 年 5 月，历时 20 个月对全市 17 个区县义务教育均衡发展开展督导。其中涉及到教育经费"三个增长"等投入保障问题与区县财政部门交涉；涉及到学校公建配套、学校产权等问题与区县发改委、房管局等部门交涉；涉及到教师队伍建设等问题与区县人保局、编制等部门交涉。督导过程要求"三个涉及"边界明确、不得推诿；"三个交涉"直指问题、不放虚招;"三个增长"实事求是、不玩数字游戏。务实精准的督导对于切实推进义务教育均衡优质发展发挥了重要作用。

7.2.2 吉林义务教育均衡发展实践

吉林省是我国东北老工业基地,在经济基础、区位优势、人才集聚等方面都不具备上海市的优势,但吉林省高度重视义务教育均衡发展,坚持高位推进、分类指导、统筹协调原则,不断深化体制机制改革、逐步健全保障体系、深入实施重点工程,于 2017 年 7 月,继上海、北京、天津、江苏、浙江、广东、福建 7 个发达省(市)之后,通过国家义务教育发展基本均衡督导评估,成为全国第八个所有县(市、区)均实现义务教育发展基本均衡的省份。在义务教育均衡发展方面,吉林省主要从以下五个方面着力:

(1)构建政策保障机制,促进政府职责全面落实。一是统筹规划,明确路径。吉林省根据国家《中长期教育改革和发展规划纲要》和本省省情,要求各县把义务教育均衡发展纳入县域经济社会发展总体规划,结合实际制定了发展规划、实施步骤和时限要求,确定了初步均衡和基本均衡"两步走"战略,即 2010 ~ 2012 年,实现义务教育初步均衡,打牢发展基础;从 2013 年开始,全面推进基本均衡。二是明确主体、落实责任。吉林省把义务教育放在优先发展战略地位,明确规定县级人民政府是第一责任主体,要求各县(市、区)将推进义务教育均衡发展作为执政为民的首要任务,切实落实主体责任、有效推进任务落地。三是完善机制、协同推进。吉林省要求各地因地制宜、深化改革,探索构建政府主导、市场参与、多方协同的体制机制,实现各方力量协同推进义务教育均衡发展的运行模式。四是完善考核、强化问责。健全教育督导制度,强化过程督导和目标考核,把落实义务教育均衡发展责任列入各级政府考核清单，坚持问题导向，督促整改落实，对于目标任务完成不力的，予以通报、约谈、整改和问责。

（2）构建经费投入机制，促进教育资源均衡配置。一是确保公共财政对义务教育的足额投入，将教育费附加、城市教育附加、教育转移支付资金、土地出让收益计提教育资金等保障性经费单独列支，统一城乡义务教育学校生均公用经费基准定额，确保经费足额及时拨付，稳步实现教育经费"三个增长"。二是全面实施改善贫困地区义务教育薄弱学校基本办学条件等重点工程，制定义务教育学校办学标准，重点加强边远、贫困、民族地区中小学校建设。2015～2017 年，20 个县共投入 34.1 亿元，用于改善学校办学条件，新建学校 257 所，改扩建学校千余所，新增学位 5.4 万个，新增功能室、实验室 4000 余个。三是实施政府购买服务，撬动社会资金投入。在校车运营、餐饮保障和社会服务等方面，积极探索政府购买服务的方式方法和运行机制，实现了"校车、校园警务室、视频监控"校车校园安全"三个全覆盖"，形成了一套"政府主导、社会参与、市场运作"的合作运行模式。

（3）构建科学管理机制，促进教师队伍整体优化。一是加大教师补充力度。通过实施"特岗计划""硕师计划""免费师范生计划"等专项工程，为乡村义务教育输送优质师资；通过政府公开招聘等方式及时补充短缺学科教师，不断优化是指队伍结构。二是不断完善教师培训机制。通过实施"中小学教师专业发展行动计划""国培计划""信息技术应用能力提升工程"等项目，重点为农村教师提供培训、交流与合作的机会，构建乡村师资轮训提升的长效机制。三是完善教师和校长城乡交流机制。通过实施校长轮岗、挂职等方式交流学习，以及教师在城乡学校间、强校弱校间进行交流和帮扶，提升了农村学校、薄弱学校师资水平和校长管理能力。四是改革创新教师激励机制。加大投入改善农村边远艰苦地区的教室、宿舍、机房等硬件设施，稳步提高农村中小学教师工资收入和津补贴，积极推进新一轮教师职称制度改革，对农村地区予以政策倾斜，激发农村优秀教师的工作积极性。

（4）构建教育公平机制，促进特殊群体平等发展。一是促进民族教育特色发展。积极贯彻落实中央民族教育政策，大力实施"三免一提"、小班化和"双语"教学等改革举措，大力推进民族教育优先、重点、特色发展。二是保障残疾儿童教育。大力实施特殊教育学校办学能力提升计划，不断完善政策支持和资金保障，开展残疾学生随班就读和"送教上门"服务，提高残疾儿童教育获得感。三是关注留守儿童教育。积极构建政府、社会、公众共同参与的留守儿童教育保障体系，不断创新社会治理体系，确保每一名留守儿童都能得到应有的关爱和教育。四是重视随迁子女教育。始终把进城务工人员随迁子女义务教育作为重大民生工程，落实"以流入地为主、以公办学校为主"的"两为主"政策。对随迁子女与本地适龄儿童实行"四个同等对待"。五是关爱困难家庭学生。通过政府兜底、多方筹措等方式落实特困家庭子女就学资金和生活费补助，通过社会"送温暖""结对子"等活动扶助困难学生完成学业。

（5）构建内涵发展机制，促进教育质量持续提升。一是以"大学区"改革促进校际均衡。按照"以人为本"原则，将推行"大学区"管理列入全省社会体制改革重点任务，在全省19个市辖区共组建大学区约170个，义务教育学校（不含村小）和在校生覆盖率均达到95%以上，为学区内各学校之间共享资源、以强带弱，整体提升管理水平和教育教学水平搭建了平台。二是以信息化促进优质资源共享。通过搭建"三网合一"的云数据中心，实现与国家资源平台全框架全内容互联互通，扩大优质教育资源共建共享，以"互联网＋"推动教育信息化建设，助推义务教育发展均衡化、优质化。三是以内涵建设促进学校特色发展。各地各学校本着育人为本的理念，打造特色校园文化，提升学校办学品质，服务学生个性发展和全面发展，形成了"校校有特色，每生有特长"。四是以强化管理促进办学行为规范。严格整治教育"三乱"现象；实施阳光招生管理，有效缓解"择校热""大班额""大校额"等热点难点问题；落实指标生政策，加大对农村、薄弱初中学校倾斜分配比例。

7.2.3 四川全域教育均衡优质发展实践

2013年10月，成都市所有区市县通过国家县域义务教育基本均衡督导评估认定，成为全国首个整体实现义务教育基本均衡发展的省会城市。成都市从2003年实施城乡教育一体化发展，到2008年在全国率先启动实施义务教育校际均衡监测试点，经过10多年的探索实践，形成了一套义务教育"顶层设计、标准引领、政府托底、圈层融合、强化师资、督导监测"的成都模式，其经验和做法主要体现在以下三个方面：

（1）坚持以县为主，促进校际之间均衡发展。一是强化县级政府职责。成都市政府制定印发了《关于深化同一区（市）县域内公共教育资源均衡配置的意见》，并与各区（市）县政府签订《成都市推进县域内义务教育高位均衡优质发展目标责任书》，将区（市）县域内公共教育资源均衡配置情况纳入市政府对区（市）县政府的年度目标考核，强化落实政府职责，加快推进多方联动。二是开展监测督导，推进校际差距缩小。成都出台了《县域义务教育优质均衡发展督导评估办法》，对县域义务教育实施科学监测和精准督导，2017年，成都各区县小学、初中8项指标差异系数平均值和最大值仅为0.33和0.39，远低于全国平均水平。三是统筹师资管理。出台《关于进一步优化全市中小学教师资源的指导意见》，完善"县管校用"机制，成立师资管理中心，有效推进了师资管用分离，促进了师资队伍的优化配置。

（2）坚持区域互动，促进县域教育均衡发展。一是完善政策引导，促进以城带乡。出台了《关于深化城乡教育互动发展促进教育圈层融合的意见》，按照"城乡互动、以城带乡"原则，健全捆绑考核机制、经费支持机制、交流激励机制等，突破行政区划和三个经济圈层界限，形成广覆盖、多层次、宽领域的教育互动发展格局。二是切实保障机会公平。严格并深化义务教育就近入学制度，将省级及以上示范性普通高中统招计划的50%，合理分配到区域内每一所初中学校。三是加强交流合作，促进结对发展。通过采取教育联盟形式，促进学校跨区结对，干部轮岗挂职，教师轮训学习，共同开展教改教研，共建共享教学平台，形成"先进带后进，共同促发展"的新格局。

（3）坚持全域统筹，促进城乡教育均衡发展。一是强化全域统筹规划。确立了"幼儿园、小学就近、初中进镇、高中进城"的布局原则，规划建设一批优质中小学（幼儿园）进新区、进园区、进山区、进灾区，促进城乡学校空间布局结构不断优化，全市义务教育"非正常跨区域入学"比例连续下降，2016年降到2.8%。二是统一全域统筹标准。通过修订和完善城乡学校建设和配置、学校管理、质量评估、水平评估、教师职业、经费投入等6大类35个指标标准，统一城乡义务教育生均公用经费标准，健全动态补充调整机制。三是强化资源倾斜配置。实施"免费师范生""毕业生支教""常青树"等计划，培养选拔优秀教师补充到农村学校任教；通过加大纵向转移支付力度和分圈层递次倾斜等手段，加大对农村义务教育的支持强度。

7.2.4 甘肃城乡教育一体化发展实践

平凉市位于甘肃省东部，所辖7县区均为国家集中连片贫困县。

平凉市坚持始终把发展教育事业作为民生工程，通过提质增效、扶持弱小，加强组织领导，科学规划学校，加大经费投入，改善办学条件，县域义务教育均衡发展水平居全省前列，走出了一条城乡义务教育均衡发展之路。

（1）突出规划引领，科学布局城乡教育资源。一方面，合理规划农村学校。先后出台了《平凉市中小学布局调整规划（2009～2015年)》《平凉市农村义务教育学校布局调整专项规划（2012～2020年)》和《平凉市人民政府关于进一步规范农村中小学布局调整的实施意见》等政府指导文件，不断完善农村中小学建设布局。针对村与村重组合并、学龄人口自然下降等因素影响，民主决策、合理撤并相关学校（教学点），科学保障适龄儿童能够就近上学和接受优质教育。另一方面，扩大城区教育资源。2013年，市政府制定了《平凉中心城市学校布局优化调整及建设规划（2013～2020年)》，按照"扩总量、调结构、提层次"的要求，在全市范围内增建基础教育学校投资近40亿元，新增义务教育学位近12万个，有效缓解了城镇化进程中随迁子女就近入学的压力。

（2）强化扶弱增效，促进区域教育均衡发展。一是改善薄弱学校办学条件。先后印发了《平凉市全面改善义务教育薄弱学校基本办学条件项目规划（2014～2018年)》和《平凉市全面改善贫困地区义务教育薄弱学校基本办学条件实施方案》，"十二五"期间市政府筹措资金35.99亿元，实施校舍安全和"全面改薄"工程各类项目1825个，新建、改建校舍265.22万平方米，学生食堂10254平方米；配置图书228864册，课桌椅124506套，教学仪器设备等10387台（件套）；投入数字校园建设资金3.12亿元，全市宽带网络和"班班通"覆盖率分别达到93.3%和72.7%；惠及1195所义务教育薄弱学校22.18万名在校学生。二是改造提升农村小规模学校。2013年，市政府专门制定了《关于扶持办好农村小规模学校的意见》，通过全市统筹、加强扶持、以强带弱等改革举措，促进农村小规模学校由"小而弱""小而差"向"小而强""小而优"转变。三是建立均衡发展保障机制。先后出台《平凉市推进县域义务教育均衡发展规划（2012～2020年)》和《平凉市人民政府关于加强教师队伍建设的实施意见》，完善资金筹措，稳步增加义务教育投入；健全师资培训和补充方案，稳步提升师资队伍建设。

（3）加强城乡联动，推进城乡教育一体化发展。一是推进学区化管理改革。打破市区两级管理层级，推进一体化管理，将市直六所学校的教科研业务纳入崆峒区属地管理，实现了招生考试、教研教改、质量监测、教育督导、体艺活动、表彰奖励"六统一"。将中心城区学校划分为四大学区，开展"强校带弱校、名校带新校""对口帮扶、送教下乡"等优质学校帮带薄弱校的提质增效活动。采取学区内教师联校走教、帮扶校捆绑考核等措施，促进学区内和学区间优质教育资源共享，推进教育基本公共服务均等化。二是深入推进课程改革。近年来，通过实施基础教育课改和"三年行动计划"，有效开展了农村中小学骨干教师教学观摩评选活动和中小学管理人员、教师和农村小规模学校教师参加的全学科课堂讲赛活动，以高效课堂保证教育教学质量的提高。三是加大师资培训力度。建立了以市级培训为主导，以县级培训和校本培训为补充的全市校长教师培训体系，将农村教师全部纳入"国培""省培"培训计划，对300多名农村学校校长和骨干教师进行能力提升培训；委托21世纪教育研究院、兰州大学教育学院等教育研究机构对全市100个学区（教委）主任、108名农村小规模学校校长和100名科学学科教师进行能力素质提升培训。成立了平凉市小学语文学科、初中文综和理综学科教学研究会，实现从骨干引领到全员提升的转变。

7.2.5 江西义务教育均衡发展实践

江西省芦溪县坚持教育强县战略，高度重视城乡义务教育的均衡发展，持续深化改革，创新体制机制，初步形成了"目标明确、内涵优先、师资保障、条件一流"的县域义务教育均衡发展体系。先后获得全国"两基"工作先进单位、全国义务教育发展基本均衡县、全国教育系统先进集体、省教育工作先进县等省级以上荣誉50余项。芦溪县的经验做法主要体现在以下五个方面。

（1）坚持开明开放，优先发展教育。其一，党政强力领导。把教育作为最大的民生工程纳入经济社会发展的总体规划，实施教育优先发展战略，制订了《关于贯彻国家、省、市中长期教育改革和发展规划纲要（2010～2020年）的实施意见》和《关于进一步推进义务教育均衡发展的实施意见》等政策。建立了县领导联系学校制度、教育工作定期会议制度和联席会议制度，尽最大努力为学校解决办学实际问题。其二，部门强力配合。制定了县、乡镇两级教育管理和服务目标体系，发改、财政、人事、教育等部门明确责任、各司其职，通力合作、齐抓共管，在人事统管、经费统筹、工资统发等方面形成强大工作合力。其三，社会强力支持。积极鼓励全社会参与、支持和厚爱教育事业，据不完全统计，2015～2017年共吸引社会各界捐资助学资金达1500万元，初步形成了"重教、兴教、爱教、支教"的良好社会氛围。

（2）坚持均衡协调，强化教育投入。其一，科学规划学校布局。按照"小学就近入学，初中相对集中"的思路，科学规划学校布局，编制了全县义务教育阶段学校网点布局规划；同时，针对城镇化发展、人口流动变化等因素，因地制宜、合理撤并，稳步推进中小学校布局优化调整。其二，广泛筹措教育经费。采取县级保障，努力争取上级支持，引导社会投入等途径广泛汇集教育经费，不断加大教育投入。坚持教育经费优先预算、优先拨付，专项资金做到及时足额拨付并专款专用，确保义务教育经费"三个增长"和"4%目标"的到位。其三，大力改善办学条件。坚持教育基础设施优先，抓好学校标准化、信息化、现代化建设，全面实施中小学危房和校舍改造，着力推进一批教育重点工程建设，大力改善办学条件和学校生活设施，打造优质校园、平安校园。

（3）坚持开拓创新，优化师资队伍。其一，以待遇留住人才。完善教师工资保障机制，依法保障教师待遇，确保教师的工资、津补贴、"三保一金"足额、及时落实发放，做到中小学教师与当地公务员同等待遇。其二，以培训提升人才。制定《芦溪县中小学教师培训管理办法》，着力加强师德师风建设，实施师德全员培训，积极开展"三名工程""农村教师素质提高工程""国培计划""特岗计划"，建立起"全员、全程、全方位"立体培训网络。其三，以机制用好人才。出台了相关管理办法、实施细则和考核方案，建立和完善了教师长效补充机制，坚持"退一补一"政策，通过"公开招考一批、定向补充一批"等举措确保师资合理流动和有效补充；建立中小学校长任期制和交流制，积极探索"以强带弱""捆绑发展"等发展模式，通过轮岗交流、挂职锻炼、结对支教等形式，促进城乡校长、教师双向交流、协调发展；大力实施教育人事制度改革，深化教师绩效工资、职称评聘、评先评优等制度的改革，全面推行校长公开选拔、教师全员聘任制和末位淘汰制，推进师资队伍的结构优化和质量提升。

（4）坚持绿色阳光，实施普惠教育。其一，大力实施扶贫助学工程。加大贫困家庭学生帮扶力度，保障每一名学生接受教育的权利，确保不因家庭困难失学、辍学。其二，大力实施特色教育工程。坚持政府主导、社会参与、多措并举，依法切实保障残疾学龄儿童接受教育的权利，大力扶持特殊教育事业发展。其三，大力实施教育关爱工程。坚持"以人为本"的教育理念，构建关爱留守儿童体系，落实学习上优先辅导、生活上优先照顾、活动上优先安排"三个优先"，大力实施联系沟通制度、结对帮扶制度、谈话谈心制度、考核考评制度"四项制度"，为"留守儿童"营造健康、快乐、平等、和谐的成长环境。

（5）坚持公平共享，提升内涵建设。其一，始终坚持德育为先。大力开展丰富多彩的主题教育活动，着力加强社会主义核心价值观，教育、引导学生树立正确的人生观、价值观，培养了舍己救人小英雄肖玉玲、自强不息好女孩李娜、拾金不昧好少年陈星等一批新时期好少年。其二，全面推进素质教育。坚持"德智体美劳"全面发展，深入开展学生阳光体育运动，坚持办好艺术节和中小学生田径运动会、中学生篮球赛等文体活动；坚持突出特色，大力实施校园文化"一校一品"工程；加强校园精神文化和师生风貌建设，初步形成了"学校有品牌，教师有品质，学生有品性"的良好发展格局。其三，提升教研教改水平。坚持科研兴校、教研立校，积极倡导和推广启发式、探究式、讨论式教学，发挥课题研究的引领作用；建立教学质量、课堂教学、素质教育评价体系，加大课程改革力度，开展"自主、探究、合作"的课堂教学模式改革，助力学校内涵建设。

7.3 经验借鉴与启示

在中国特色社会主义新时代，我国社会主要矛盾转化必然对城乡基础教育均衡发展提出新的要求，人民对均衡程度更高的城乡基础教育的期待也必然增强。因此，从国内外城镇化进程中城乡基础教育均衡发展的实践中汲取养分、借鉴经验、得到启发是新时代推进城乡基础教育均衡发展的题中应有之义。综合来看，可以将国内外城镇化进程中城乡基础教育均衡发展实践的经验与启示归纳为六个方面。

7.3.1 提升发展理念，把准基础教育均衡发展内涵

城乡基础教育均衡发展既是基础教育的核心要义，也是社会期盼的内在要求；不仅关系到基础教育的发展，更关系到社会公平与正义。整个社会都应该积极关注基础教育均衡发展的问题，促使基础教育满足人民群众对其优质、公平的期待。推进基础教育均衡发展，既是一个动态的过程，又是一项系统的工程，更是一项长期的任务。

对于城乡基础教育均衡发展问题的认识，可以从宏观和微观两个层次加以把握。从宏观层面看，要从更加关注区域之间、校际之间基础教育资源配置是否公平，考虑的是各群体能够享受到更为充分、更为公平的发展成果，特别是要在资源配置上向农村地区、薄弱环节倾斜，这是基于资源分配立场出发对"物"的均衡方面的诉求；从微观层面看，城乡基础教育均衡则主要关注在教育过程中，学生个体是否能够得到均衡发展，是基于教育本质的立场出发对"人"的均衡方面的诉求。从两者关系上看，宏观层面的均衡诉求为微观层面的均衡诉求创造条件、消除障碍；当宏观层面的外部物质条件在一定程度上得到改善之后，均衡就应向纵深发展，更为强调教育内部的均衡。此外，尤其需要关注弱势特殊群体接受基础教育的公平性。

7.3.2 做好县域统筹，强化县级人民政府责任担当

国内外的许多成功经验启示我们：在推进城乡基础教育均衡发

展过程中，政府发挥着主导作用，如在经费保障、教育资源合理配置等方面建立完善的机制。综合我国国情，更应强化县级人民政府的统筹责任、统筹能力。

一方面，要推进布局上的动态均衡。将学校布局调整纳入县域统筹，适度扩大县级政府的统筹权限。在这一背景下，县级政府能够根据当地推进新型城镇化的程度与速度、乡村建制调整与人口"脉冲式"变动等实际情况，基于就近入学、相对集中、动态调整等原则，在灵活性、合理性地调整和撤销一批生源不足、教育质量低、办学条件差的薄弱学校与村级教学点的同时，加强乡（镇）中心学校的建设，必要时还需整合资源办好村级小学（教学点），以优化县域义务教育学校布局和调整。

另一方面，要推进编制的结构性均衡。教师编制的结构性失衡是影响农村基础教育均衡发展的关键性因素，应加快推进农村师资保障综合改革，逐步统一城乡基础教育教师编制，可以采取"基本编制＋机动编制"的动态统筹方式来配备农村教师编制，并将农村基础教育教师编制的管理权下放至县级人民政府，积极探索县域教师编制动态管理模式，强化对县域内学校发展规模的动态调控。

7.3.3 增强经费保障，拓宽经费筹措与资源供给渠道

经费保障是促进城乡基础教育均衡发展必要的物资基础。只有资金有保障，办学的条件、师资等方能有效落实，进而才有可能追求教育质量，实现真正意义上的均衡发展。

其一，需要保障经费的法定增长。按照国家有关法律、法规的刚性要求，健全基础教育经费保障机制，加大以财政资金为主渠道的供给力度，强化预算编制管理。拓宽资源供给渠道，保证教育附

加征收效果，落实土地出让金收益按比例计提教育资金政策，推进各级政府教育投入稳步增长，将教育经费投入作为考核政府主要领导的重要内容，不断完善经费投入督导与问责机制。

其二，需要创新公共服务供给方式。以缩小校际资源配置差距为目标，进一步推行学校联盟、集团化办学、学区化管理、对口帮扶等办学体制改革，建立以强带弱的联盟办学模式，实施共同体捆绑式发展，促进区域学校共建共享、一体发展。加强资源补充渠道开源，实施政府购买民办学校学位、购买后勤服务、购买合同教学人员、购买优质培训机构教学资源，鼓励民间投入、实施多元办学体制改革等模式，解决学位不足、编制限制、优质资源缺乏等问题。

7.3.4 统一建设标准，推进城乡中小学办学一体化建设

从国内外实践探索来看，改善办学条件的一个前提性基础就是因地制宜统一标准和推进标准化建设，这不仅是城乡基础教育均衡发展的重要体现，也是其均衡发展的内在要求。

其一，加大标准化建设力度。在"新增布点""全面改薄""整合提升"等专项计划实施过程中，全面推行标准化建设，严格学校基础设施、教学设施、生活设施等建设标准和要求，确立"新建与改造并行，硬件与软件并重，建一所就建好一所，改一所就改好一所"的理念，确保城乡中小学校办学条件指标逐渐统一化、标准化。

其二，科学规划学校布局。密切关注和科学评估城镇化发展所带来的人口流动、交通条件、教育需求等现实问题，尤其是城区"大班额"和农村"空心校"等突出问题，在做城乡规划的过程中，应合理预留教育用地，科学布局新建学校，合理撤并和调整农村学

校，构建与新型城镇化进程相适应的中小学布局。

7.3.5 改善师资队伍，推进城乡教师资源的均衡配置

师资均衡是城乡基础教育均衡发展的关键，提升校长和教师队伍能力水平与推进师资均衡配置是其工作重点，是缩小教育质量校际差异的核心要素。

其一，理顺师资管理体制。推行校长职级制，扩大县级教育行政部门对校长的选聘任免和调动权限。推行"县管校用"的教师管理方式，将教师由"学校人"转变成为"县域人"，从机制上推动教师在县域内流动。做好教师编制的合理制定和动态调整，按照国家有关要求，对小规模学校及教学点按班师比配备教师编制，以满足教育教学需要。

其二，精准补充缺口教师。以实施乡村教师支持计划为抓手，抓好特岗计划、定向师范生培养计划、教师交流制度等政策的落实，鼓励优秀毕业生、骨干教师、紧缺学科教师到农村学校任教，特别应注重加强音、体、美、计算机、综合实践活动等学科教师建设和补充，保障农村学校开齐开足国家规定课程，解决教师数量不足和结构性失衡。

其三，提升师资业务水平。以实施"国培计划""提质工程"等为契机，加大农村教师的训面和轮训强度，为乡村教师职称提高和业务提升搭建平台。建立乡村校长和教师提升计划，加大农村学校名优校长和骨干教师培养力度，加强特级教师工作坊等群体建设，发挥名优教师辐射和引领作用。

其四，提升学校管理水平。坚持硬件软件并重的原则，发挥挂牌督学作用，指导学校尤其是农村学校全面落实基础教育学校相关的管理标准，在加强学校常规管理的基础上，提升治校理念、健全

管理制度、完善工作机制，着力推进校长治校能力提升，教师教育管理能力提升，助推城乡基础教育均衡发展。

7.3.6 重视分类指导，提升更高层次的均衡发展水平

当前，我国城乡基础教育均衡发展成都呈现出区域不平衡现象，需要采取区别对待、找准问题、分类指导、精准施策，聚焦发展不均衡不充分的关键问题，有效推进三类地区按照不同要求均衡发展，从而在整体上实现更高层次的均衡发展水平和发展能力。

其一，对未达标地区，注重加大统筹力度，强化目标责任。对照备忘录和省政府规划目标要求，进一步加强统筹管理，加快工作进度，确保如期实现义务教育均衡发展目标。建立健全推动有力、检查到位、考核严格、奖惩分明、公开问责的义务教育均衡发展推进机制，加强督导检查，指导做好查缺补漏工作，推动均衡发展目标如期实现。

其二，对于新通过认定县，注重健全义务教育均衡发展长效机制，巩固均衡评估成果。推进城乡基础教育均衡发展具有长期性、动态性的特征。对已实现基本均衡目标的县应做好动态监测，建立健全监测和复查制度。县级政府应针对存在的问题和薄弱环节，制定具体的整改方案，巩固成果，不断提升均衡发展总体水平。

其三，基本均衡发展水平较高的地区应率先由基本均衡向优质均衡推进。应加大市级统筹管理，推动区域城乡、校际教育教学资源均衡配置，实现城乡公共服务的一体化；应在更多指标上实现区域内校际均衡发展，尤其是在百姓关心、与教育质量密切相关的指标上实现均衡发展。

7.4 本章小结

党的十九大报告指出：过去五年"城镇化率年均提高 1.2 个百分点，八千多万农业转移人口成为城镇居民。"同时要求"推动新型工业化、信息化、城镇化、农业现代化同步发展"。在新时代，城镇化是不可逆转的趋势。这对城乡基础教育发展带来了新的机遇和挑战。本章围绕国内外城镇化进程中城乡基础教育均衡发展的实践这一主题，用全球化、现代化的视角，从国外主要经验做法和国内典型实践探索两个维度，得出了以下三个结论。

一是国外城乡基础教育均衡发展的经验做法值得借鉴与应用。本章较为全面地梳理、总结了美国、英国、日本、韩国等部分发达国家和巴西、印度等发展中国家在城乡基础教育均衡发展方面积累的经验做法。这些国家虽然政治体制不一、经济条件各异、教育状况不同，但在探索城乡基础教育均衡发展方面做出了积极努力，在理念上以教育公平为切入点，用公平促均衡的持续推进；在制度上以法治建设为先手棋，用健全的教育法律体系增强制度执行的刚性要求；在投入上以经费保障为基础条件，用教育经费的投入来保障城乡基础教育的均衡性；在资源上以城乡均衡为出发点，用城乡之间的资源配置均衡推进发展的均衡；在创新上以教育革新为落脚点，大力推进农村教育的改革创新并缩小与城镇教育的差距。

二是国内城乡基础教育均衡发展的典型探索值得借鉴与应用。本章选取具有一定代表性的 5 个地区作为样本，分别分析这些地区在推进城乡基础教育均衡发展方面的实践探索经验做法。这 5 个地区中，包括 2 个省（市）、2 个地级市、1 个县级市，且具有一定的代表性：上海地处东部，是全国首个全部全县通过国家义务教育均衡发展督导认定的省份；吉林地处东北，是全国第 8 个全部区县通过国家义务教育均衡发展督导认定的省份；四川成都和甘肃平凉都地处西部的地级市；江西芦溪则是地处中部的一个县。这些地区在探索城镇化背景下的城乡基础教育均衡发展方面采取了一系列对策措施，积累了一些有益的经验做法。

三是从国内外城镇化进程中城乡基础教育均衡发展的实践中汲取养分、借鉴经验、得到启发是新时代推进城乡基础教育均衡发展的题中应有之义。

综合来看，可以将国内外城镇化进程中城乡基础教育均衡发展实践的经验与启示归纳为以下六个方面：一是需要更新理念认识，把准基础教育均衡发展的内涵；二是需要统一建设标准，加快推进中小学办学一体化建设；三是需要增强经费保障，拓宽经费筹措与资源供给渠道；四是需要强化县域统筹，凸显县级人民政府的统筹责任；五是需要推进师资均衡，加大城乡师资队伍的均衡供给；六是需要重视分类指导，提升更高层次的均衡发展水平。

参 考 文 献

［1］ Australia. Annual Report 2006 – 2007 ［EB/OL］. http：//www. dest. gov. au/annualreport/2007/default. html，2008 – 3 – 20.

［2］ V. Sasi Kumar. The Education System in India ［EB/OL］. https：//en. wikipedia. org/wiki/Education in India. 2017 – 10 – 25.

［3］ 北京高等教育编辑部［J］. 北京高等教育，1995（1）：25.

［4］ 成都市人民政府. "大城市带大农村"推进优质均衡发展［N］. 中国教育报，2017 – 5 – 25（12）.

［5］ 成都市教育局. 关于《关于推进我市城乡教育均衡发展的建议》答复的函（成教办理〔2015〕72 号）［EB/OL］. http：//www.

cdedu. gov. cn/topics/jyta/show. aspx？id＝52092，2015－6－10.

［6］成都市人民政府．"大城市带大农村"推进优质均衡发展［N］．中国教育报，2017－5－25（12）．

［7］杜洪琳．美国促进基础教育均衡化研究［D］．四川师范大学，2006.

［8］日本国宪法［EB/OL］．https：//www. douban. com/group/topic/61791365，2014－9－14.

［9］郝俊杰，董珍．国外统筹城乡教育发展的经验及启示［J］．重庆工商大学学报（社会科学版），2009（2）：82－86.

［10］教育部．甘肃省平凉市：提质增效，扶持弱小，推进城乡教育一体化发展［EB/OL］．http：//www. moe. edu. cn/s78/A06/A06_ztzl/ztzl_ywjyjhfzdxal/201702/t20170213_295995. html，2017－2－20.

［11］高如峰．义务教育公共投资体制的国际比较［EB/OL］．http：//bjaes. bjedu. cc/xxlr1. asp？id＝6981. 2010－8－15.

［12］教育部．国家教育督导检查组对吉林省义务教育均衡发展督导检查反馈意见［EB/OL］．http：//www. moe. gov. cn/jyb_xwfb/gzdt_gzdt/s5987/201707/t20170714_309356. html，2017－7－14.

［13］胡国勇．日本义务教育均衡发展的法制保障——以东京都为例［J］．外国中小学教育，2015（10）：5－12.

［14］文部科学省．教育基本法［EB/OL］．https：//ja. wikipedia. org/wiki/%E6%95%99%E8%82%B2%E5%9F%BA%E6%9C%AC%E6%B3%95，2017－11－12.

［15］教育部教育督导局．2016年全国义务教育均衡发展督导评估工作报告［EB/OL］．http：//www. moe. gov. cn/jyb_xwfb/xw_fbh/moe_2069/xwfbh_2017n/xwfb_170223/170223_sfcl/201702/t20170222_297055. html，2017－2－23.

［16］教育部基础一司 . 科学谋划，创新思路，促进义务教育均衡发展［EB/OL］. http：//www. moe. edu. cn/s78/A06/A06 _ ztzl/ztzl_ywjyjhfzdxal/201702/t20170213_295996. html，2017 - 2 - 13.

［17］李梁，许桐珲 . 国外均衡义务教育的形成［N］. 南方周末，2005 - 12 - 1（2）.

［18］李协京 . 日本教育财政制度和教育立法的若干考察——教育均衡化发展的制度环境［J］. 外国教育研究，2004（3）：61 - 64.

［19］上海市教育委员会 . 强化政府责任，聚焦内涵提升，全力推进上海义务教育优质均衡发展［EB/OL］. http：//www. ec. js. edu. cn/art/2015/4/2/art_10327_169325. html，2015 - 4 - 2.

［20］沈祖芸 . 全国义务教育均衡发展督导评估推进会召开，上海率先实现县域义务教育均衡发展［N］. 中国教育报，2014 - 3 - 24（1）.

［21］滕宏 . 印度、泰国普及义务教育对我国普及九年义务教育的启示［N］. 黑龙江教育学院学报，2008（1）：34 - 36.

［22］滕珺 . 教育是全人类共同核心利益——联合国教科文组织成立 70 周年提出教育新理念［N］. 中国教育报，2015 - 11 - 22（3）.

［23］王娟涓，徐辉 . 国外城乡义务教育均衡发展的经验及启示［J］. 外国中小学教育，2011（1）：7 - 12.

［24］下松市教育委员会 . 小学校设置基准及び中学校设置基准の制定等について［EB/OL］. http：//www. docin. com/p - 41132889. html，2010 - 1 - 6.

［25］张力 . 从国际国内两个视角看义务教育均衡发展问题［J］. 人民教育，2010（1）：5 - 8.

［26］周洪新 . 城镇化进程中农村中小学"撤点并校"的问题研究——基于山东省 N 县的调查分析［D］. 山东师范大学，2013.

8

推动城镇化进程中城乡基础
教育均衡发展的政策建议

.

本章基于我国城镇化进程中城乡基础教育均衡发展的现状考察、效应分析、原因解析、国内外实践经验等，并结合党的十九大报告对城乡基础教育均衡的新部署和要求，分别从教育公平理念、政府责任、教育投入体制、教育资源协调机制等四个方面提出相应的政策建议。

8.1 推动教育公平理念落地

理念是行动的先导。教育公平有着起点公平的重要意义，是社会公平的重要基础。在党的十九大报告中，"公平"二字出现12次，这不仅反映出保障社会公平、教育公平、竞争公平等方面的公平在以习近平同志为核心的党中央治国理政中的分量，也折射出人民美好生活日益增长。报告强调："必须多谋民生之利、多解民生之忧，在发展中补齐民生短板、促进社会公平正义，在幼有所育、学有所教、劳有所得、病有所医、老有所养、住有所居、弱有所扶上不断取得新进展，深入开展脱贫攻坚，保证全体人民在共建共享发展中有更多获得感，不断促进人的全面发展、全体人民共同富裕。""必须始终把人民利益摆在至高无上的地位，让改革发展成果更多更公平地惠及全体人民，朝着实现全体人民共同富裕不断迈进。"报告要求："我们要激发全社会的创造力和发展活力，努力实现更高质量、更有效率、更加公平、更可持续的发展！"

教育公平对于提高社会公平程度、促进经济发展和社会和谐、消除知识鸿沟以更好地迎接知识经济的挑战、实现民族振兴都具有重要意义。促进教育公平，就要合理配置教育资源，实现教育均衡发展。从这个意义而言，教育的均衡发展，要解决的实际上是社会公平正义问题，也是实现教育公平的一个重要抓手和途径。对于所有的学校及教育对象而言，促进公平是提升质量的内在要求。均衡发展就是要分好蛋糕，让人民群众能够共享教育改革发展的成果，让每个受教育者都能够接受公平的、有质量的教育，使全体人民在教育改革发展中有更多获得感。也就是说，要让人民群众能够充分享有公平的教育权利，历经平等的教育过程，获得公平的教育结果。因此，在新的历史方位推动教育公平理念落地生根是极为重要的。具体看，推动教育公平理念落地，需要从宏观上着眼，在公正、包容、结果、效率等四个维度切实保障教育的起点公平、过程公平、结果公平，实现城镇化进程中城乡基础教育的均衡发展，这也是制定实施城乡基础教育均衡发展政策的起点。

8.1.1 坚持公正原则

公正原则主要保障的是教育机会的均等化。《中华人民共和国教育法》第 9 条规定：中华人民共和国公民有受教育的权利和义务。公民不分民族、种族、性别、职业、财产状况、宗教信仰等，依法享有平等的受教育机会。这在法律上保障了教育机会的均等化。机会均等原则是促进教育公平的起点，如果没有这一个起点作为基础，其他的教育公平目标都是不可能实现的。

在坚持公正原则的过程中，有两个方面的均衡发展尤其需要重点关注。一方面是城乡教育均衡发展问题。我国教育发展失衡，在一定程度上是源于城乡教育发展失衡和农村教育落后。这就必须加大教育发展的城乡统筹力度，破除城乡教育二元结构的壁垒，在经费、硬件、软件等方面采取有力措施，逐步促使城乡教育在财政投入、教育资源、师资队伍、办学条件、教学质量等方面实现基本的均衡。另一方面是群体之间教育均衡发展问题。换句话说，就是要教育好每一位学生。群体之间的教育均衡发展尤为重要，不仅是实现教育均衡发展、保证教育公平的出发点与落脚点，也是城乡基础教育均衡发展的难点与重点，必须大力推进、务求实效，在为流动儿童、留守儿童、特殊儿童提供优质教育资源的同时，还要"健全学生资助制度，使绝大多数城乡新增劳动力接受高中阶段教育、更多接受高等教育。"

8.1.2　建立包容理念

树立包容性的发展理念，能够有助于减少排斥、消除隔膜、促进融合。在包容性发展理念视域中，受教育者不仅应当获得平等的受教育机会，还应当有机会获得读写算等基本性知识技能的全面教育。受教育的机会平等很重要，但是假设一部分人接受的是完整性的教育，而另一部分人接受的则是残缺不全的教育，必将使教育公平的内涵与意义大打折扣。包容理念的本质是教育的全面性与完整性，并不是机械地理解成为字面上的那种"无所不包"的含义。

教育公平的价值诉求应当是促使全体儿童、全体教师、全体学校都能够和谐相处、共享发展、均衡发展。这意味着，不论是随迁子女还是留守儿童，不论是特殊儿童还是贫困儿童，都应当享有与其他儿童平等享受教育权、发展权的权利；这也意味着，不论城市教师还是农村教师，都应当拥有平等的人格尊严与社会地位，在工资收入、福利待遇、资源获取等方面享有与其付出对等的回报，在职业发展、专业发展、生活质量等方面享有同等的出彩机会；这还意味着，基础教育领域的各级、各类学校有着同等的生存权利与发展机会。从本质上来说，包容发展是鼓励多元的发展、是促进均衡的发展。

需指出的是，城镇化进程中城乡基础教育的均衡发展对我国精准脱贫和建设全面小康社会具有重要的作用和功能。这就要求基础教育战线必须加快实施教育扶贫工程，以教育精准扶贫为举措，以均衡发展促进教育公平，致力于提升特殊困难群体及其后代的发展能力，阻断贫困代际传递，进而抬高底部、补齐短板、提升内涵，实现教育更高质量、更有效率、更加公平、更可持续的发展，加快推进教育现代化，为全面建成小康社会发挥关键性的支撑作用。

8.1.3 遵循结果指向

在结果指向框架下的教育公平政策的制定与实施，既要考虑机会均等与包容性教育的原则，还要以教育教学结果作为指向，根据城乡基础教育的实际情况采取补偿性或者倾向性的政策，将教育教学的结果进行"二次分配"，帮助随迁子女、留守儿童、特殊儿童、贫困儿童等社会群体获得更为公平、合理的发展空间。在经济学领域，通过一次分配与二次分配调节社会公平较为常见，可以将经济学领域的一次分配、二次分配推行到教育领域，采取类似的二次调节机制来保障教育的公平。在美国，长期采取的"Affirmative Action"（Francois，2013）政策就是这方面的实例。对教育教学结果的"二次分配"原则解决的是从出口角度对教育公平予以再次保障。

如何遵循结果指向？这里从两个方面来阐述。其一，从区域教育的均衡发展分析，区域性的教育发展不均衡，在一定程度上是区域性的经济发展不均衡的结果。这就必须以这一问题为导向，大力促进区域性、特别是城乡之间的教育实现均衡化发展，完善区域教育投入机制，加大对边远、贫困、民族地区的教育投入；建立完善区域之间的教育资源共享机制，拓宽多个层次的交流沟通渠道，促进区域之间的教育交流、合作，改变教育落后地区均衡发展难度大的状况；健全区域教育动力机制，调动区域内各个教育主体的积极性和创造性，缩小区域教育发展的差距。其二，从校际教育均衡发展分析，基础教育的校校之间、城乡之间的办学差距是客观存在的，也是影响教育公平有效推进的重要因素。这就需要政府基于城乡基础教育均衡发展的结果，坚决承担起相应的职责，推进城乡基础教育的标准化学校建设，控制办学条件相对优越的学校步入无限制发展的状况，避免出现办学条件过于出现超标现象的"豪华学校"。当然，在建设"标准化学校"过程中，必须消除一个误区，也就是"标准化学校"并不是千校一面，而是要在均衡发展前提下凸显特色、保持活力，促进学校之间处于公平、良性竞争的态势，以增强学校办学的创造力、创新力。

8.1.4 增强效率意识

教育政策的取向不可能是单项的、唯一的。影响教育公平的因素再复杂、再多元，也不可能片面追求教育公平的目标而忽视效率、质量、结构等其他的关键性要素。事实上，教育公平的本身也具有"低效率公平"和"高效率公平"两种表现形态，或者称之为低水平的公平和高水平的公平。对于教育公平呈现出的两种表现形态之间的关系问题，经济合作与发展组织的很多教育报告都进行了较为深入的讨论，我们也应该加以高度关注。从长远看，追求低效率或低水平的教育公平政策可能会违背教育公平原则的本身。从一定意义而言，关系要素和原则要素在教育公平的决策过程中具有同等重要的地位，甚至有时关系要素还更为重要。为此，在制定教育政策时，既要考虑推进教育公平等维护性原则，更要考虑公平与效率、结构与质量等平衡性关系。妥善处理公平与效率间的辩证关系，既是经济政策、民生政策所需要关注的，也是教育政策不能回避的话题。在新时代，教育公平迎来新机遇，需要综合平衡"效率"等重要的教育目标，这样才会更有利于教育公平目标的实现。

增强效率意识同样需要重点关注两个方面的问题：一是优质教育资源的供给。改革开放以来，我国各级各类教育的规模持续扩大，但也日益凸显出优质教育资源短缺的矛盾，由此衍生出"择校热""城镇大班额""学区房"等教育领域的热门问题，也反映出人民群众对于优质教育资源的新期盼。这就需要破解"有学上""上好学"的难题，以均衡发展的效率来为社会各个群体提供方便、灵活、个性化的教育资源服务，塑造基础教育的新生态。二是保障均衡发展的制度。在城乡基础教育均衡发展的实践探索中，"学区制建设""强弱学校捆绑发展""校长教师轮岗交流""教育网络联盟"等举措，为缩小城乡之间、区域之间、校校之间的教育差距发挥了重要的作用，但"联合""捆绑"的效率不够问题也冒了出来，以强带弱、均衡发展的长效机制没有真正建立起来，需要将效率优先原则贯穿于城乡基础教育均衡发展的全过程，扎实推进教育公平，让共同的、富有效率的发展成为教育改革的主旋律。

8.2 强化政府教育统筹责任

统筹是治国理政的方法论。正如习近平总书记在《之江新语》一书中谈道："领导干部一定要学会全面辩证地看问题，在认识论上要有辩证统一的思想，在方法论上要学会统筹兼顾，在具体工作中要学会'十指弹琴'"。基础教育、特别是义务教育的办学主体是政府，政府有责任担当起基础教育改革发展的第一责任。对于城镇化进程中的城乡基础教育均衡发展而言，统筹是其题中应有之义，也是实现教育公平的重要路径。如，如何均衡各级各类教育之间、各级各类学校之间、各个地区教育之间的教育资源？如何确保人人都享有教育的权利？如何促进学生的全面发展，实现学业上的成功和能力上的提升、素质上的提高？如何切实保证弱势群体学生能够接受相对平等的教育机会与条件？等等。这些问题都是政府在履行教育统筹责任过程中必须着力化解的。

8.2.1 把准政府统筹的核心要义

政府在教育中发挥着重要的作用，承担着依法宏观管理的重要职能。中共中央办公厅国务院办公厅印发的《关于深化教育体制机制改革的意见》中，提出深化教育体制机制改革的主要目标，即，到 2020 年，教育基础性制度体系基本建立，形成充满活力、富有效率、更加开放、有利于科学发展的教育体制机制，人民群众关心的教育热点难点问题进一步缓解，政府依法宏观管理、学校依法自主办学、社会有序参与、各方合力推进的格局更加完善，为发展具有中国特色、世界水平的现代教育提供制度支撑。

　　具体到政府统筹的职责分析，我国教育管理体制改革的重要内容是省级政府教育统筹。《国家中长期教育改革和发展规划纲要》（2010～2020年）明确提出，要加强省级政府教育统筹责任，统筹区域内各级各类教育，强化省级政府的统筹实施职能。国家教育体制改革领导小组办公室印发的《关于进一步扩大省级政府教育统筹权的意见》中提出："省级政府在中央统一领导下，认真贯彻国家法律法规和方针政策，根据经济社会发展需求、本地区教育事业发展现状以及教育资源支撑能力，结合人口、区域和产业结构，自主确定教育发展目标、规划和工作重点并组织实施，切实履行教育改革、发展、稳定职责。"同时明确了省级政府应履行的教育统筹职责，包括：统筹区域教育现代化进程、统筹教育与经济社会协调发展、统筹城乡区域教育协调发展、统筹各级各类教育协调发展、统筹保障教育经费投入、统筹深化教育综合改革、统筹教育改革发展稳定。

　　此外，从政府在基础教育改革发展、特别是均衡发展中的职责分析，县级政府发挥着的重要职能，"完善义务教育均衡优质发展的体制机制"，建立以学生发展为本的新型教学关系、着力解决义务教育城乡发展不协调问题等，特别提出"加快义务教育学校标准化建设，加强教师资源的统筹安排，实现县域优质资源共享。"由此不难看出，政府在教育工作中的履行统筹责任、运用统筹方法的核心要义在于促进教育资源的均衡化，实现教育公平。

8.2.2　建立健全教育的法治体系

　　健全的教育法治体系是促进城乡基础教育均衡发展的重要保障。这一体系中，至少包括三个层面的内容，即法治理念在教育领域的应用、健全法律法规体系在教育领域的建立、严格执法在教育领域的体现。对此应从以下几个方面做好：

（1）要运用法治思维和方式。法治思维与法治方式从思想与操作层面为实现依法治国提供了具体的路径。法治思维是按照法治的理念、原则、逻辑进行分析、认识、思考的方式，解决的是思想层面的问题；法治方式则是法治思维实施的行为准则，解决的是操作执行层的问题。在推进城乡基础教育均衡发展过程中落实法治国家、法治政府、法治社会一体化建设的目标，融入合法合理、公平正义、机会均等、权责一致、重视救济等理念，发挥法律手段的强制作用解决存在的突出问题，共同推进依法行政、依法治教、依法治校，确保城乡基础教育均衡发展始终在法治框架下运行。

（2）要加强教育立法工作。只有完备的教育立法，才能保证依法治教的有效实施；只有完备的教育立法，才能依法保障及保护弱势群体，如进城务工人员子女、残疾儿童、留守儿童等群体的受教育权利。客观而言，在基础教育领域，虽然我国已经有《教育法》《义务教育法》等法律，以及《义务教育法实施细则》等法规，但与美国、日本等发达国家相比，与我国教育体制机制改革的形势相比，与人民群众对均衡优质基础教育的需求相比，当前我国教育领域的法律法规不够健全、执行难度较大等难题，总体呈现出量小面窄、不够系统，缺乏中观与微观层面的操作性等特点，包括基础教育在内的教育立法工作还有待加强，亟须形成体系完备的法律规范体系、高效的法治实施体系及严密的法治监督体系。从城乡基础教育均衡发展的需要分析，建议国家研究制定《教育救助法》《教育投入法》《教育均衡发展法》《贫困地区教育发展法》等相应的法律法规，通过法律法规的有力保障来促进基础教育的均衡发展。

（3）积极应用法律手段破解城乡基础教育均衡发展中存在的突出问题。当前，教育领域的行政执法存在法律法规本身针对行政处罚的设置不够具体和难于操作、部分选择性执法、对法律法规内容不够熟悉而不会或不敢行使行政处罚权等实际问题，这在一定程度上也影响了城乡基础教育均衡发展的推进。这就需要贯彻落实权利、义务与责任相统一的原则，强化教育行政执法，加大教育的行政处罚力度，强化教育行政执法监督，改变执法不严、违法不究等现象，重点解决行政管理手段与经济引导手段的强制性不够、执法监督不够等难题，形成科学有效的权力运行机制与监督体系。

8.2.3 破解资源配置制度的藩篱

一般来说，公共资源是紧缺程度较高的一种资源。优化公共资源配置结构，提升公共资源的使用效率，是社会治理过程中一个永恒话题。教育具有公共产品的属性，自然是公共资源。基础教育作为人、财、物等教育资源的集合体，如何提高均衡、优质的城乡基础教育资源供给，是各级政府共同面临的现实问题。而政府如何利用行政手段、如何运用统筹兼顾方法对城乡基础教育资源进行均衡配置，直接影响到城乡基础教育均衡发展的程度，也直接影响到人民群众所接受基础教育的均衡程度。目前，我国政府虽然高度重视推进城乡一体化建设，致力于加大城乡基础教育均衡发展的体制机制建设力度，统筹推进城乡基础教育的均衡发展，但仍然不能很好地满足现实需要。因此，在制度层面破解资源配置的难题、突破体制机制方面的藩篱、提升资源优化配置的效率，是推动城镇化进程中城乡基础教育均衡发展的内在要求。

（1）顺应新时代主要矛盾的新变化。党的十九大报告指出，"中国特色社会主义进入新时代，我国社会主要矛盾已经转化为人民日益增长的美好生活需要和不平衡不充分的发展之间的矛盾"。这一判断是我们党熟练运用马克思主义的"望远镜"和"显微镜"，深入洞察改革开放以来我国经济、政治、文化、社会、生态领域的重大发展，对我国综合国力、经济社会发展水平和人民群众生活水平的辩证分析基础上得出的正确结论。新时代的主要矛盾反映到教育上，就是人民群众接受更好教育的需要与教育发展不充分不均衡的矛盾。这为推进城乡基础教育均衡发展指明了前进的方向、强调了发力的重点。因此，政府在履行教育统筹责任、推进城乡基础教育均衡发展过程中，应注重满足需求、促进公平、提高质量，解决好从"有学上"到"上好学"这个问题，让城乡居民都能享有更好、更公平、更均衡的城乡基础教育；应按照保基本、补短板、促公平的理念推动城乡基础教育一体化发展，满足不同群体、不同职业、不同条件的群众教育的多样化需求，真正办好令人民满意的教育事业。

（2）科学合理规划资源投入机制。资源的投入包括人、财、物等方面资源的综合性投入。要着力创新城乡基础教育均衡发展的体制机制，一方面立足于城乡间基础教育发展的客观差距，建立差异化的城乡基础教育管理体制；另一方面基于县、省、中央政府间的财政能力，建立城乡基础教育均衡发展的财政投入体制。同时，还需着眼于完善城乡基础教育均衡发展的机制，改变传统分级管理体制机制中的不合理、不科学的部分。完善教育人事制度，设计"流动编制"教师聘用改革等有利于均衡城乡间教师资源的制度，合理统筹与科学调配城乡教师资源，实现城乡之间优质教师资源的顺畅流动。此外，从不同地区经济、社会、教育等发展特征的差异，区别性地考虑城乡基础教育学校的环境、生源、软硬件建设等教育投入规划，形成科学合理的资源投入与发展状况的多元结合。

（3）运用政策调节破解均衡发展困局。促进社会公平是政府的重要职责，政府应在城乡基础教育领域建立良性的自由选择机制和公平竞争机制，实现多样化的教育服务供给，将有限的教育资源分配好、利用好，统筹安排、均衡配置教育经费、校园基础条件、师资、教学设施等资源，形成政府主导、多元主体协同的城乡基础教育资源投入与调节的格局。聚焦城乡基础教育之间存在的不公平现象，各级政府应有针对性地采用相应的政策措施逐步缩小城乡基础教育发展的差距，促进其公平发展。例如，通过深入的实地调查，获得边远农村地区实际应受基础教育人口规模、基础教育质量等真实情况，厘清城乡基础教育的真实差距；进一步完善户籍制度、就业制度等，促进城乡之间基础教育资源的顺畅流动，使农村居民受教育子女能够充分享有与城镇居民受教育子女同等的基础教育资源，保证农民随迁子女的公平入学机会。

8.2.4 推进基础教育供给侧改革

（1）构筑基础教育"共同体"。应用供给侧结构性改革破解城乡基础教育供需错位难题的关键在于实现教育需求侧与供给侧的有效对接。一方面，从城乡基础教育资源的供给规模来看，应采取强弱互助的方式，促进城乡间学校优质资源的共享，加速各地区城乡之间基础教育资源的合理配置。例如，根据基础教育质量水平的现实状况，划分各区域城镇与农村的几个板块，采取对口帮扶的措施，实现基础教育质量水平较高的城镇地区对口帮扶基础教育质量水平较低的农村地区，包括定期轮换的优质师资、优质师资到农村地区的任职任教等。另一方面，结合城乡基础教育均衡发展的现实需要，从质量、效率、创新等方面加快基础教育供给侧改革，促进城乡基础教育资源的精准与有效供给。

（2）构建基础教育考核评价标准。科学、规范的基础教育考核评价标准有利于城乡基础教育公平与均衡的发展，需要政府部门做好顶层设计，合理规划与布局城乡基础教育事业，明确城乡基础教育均衡发展的路径。同时，还需要构建完善的城乡基础教育评价指标体系，涉及教学质量、教育办学水平、学校建设、学校运行与管理、学校规范服务等方面的主要内容。完备的城乡基础教育评价指标体系有利于政府部门掌握城乡基础教育发展的真实状况，是有效评估城乡基础教育发展差距的重要依据，并能为政府部门顶层设计方案的出台形成有效的互动，有利于制定合理的城乡基础教育发展规划。此外，要将城乡基础教育均衡发展列入政府绩效考核指标体系中去，加大政府对城乡基础教育均衡发展的监测力度。利用科学统一的考核评价指标体系，强化各个地区、各类学校对城乡基础教育均衡发展的责任和意识。

（3）实施严格的均衡发展督导评估。即根据城乡基础教育均衡发展的评价指标，对城乡基础教育发展开展督导与评估，有效保证城乡基础教育资源投入的相对公平。各级政府在加大对农村地区基础教育财政支出的扶持力度，改善农村基础教育办学条件，强化农村地区师资力量，提高农村基础教育水平的同时，又要健全省级和市级督导与监测体系，强化对所辖区的城乡基础教育经费投入与使用、师资建设、办学条件等方面进行全面督导和监测，并及时反馈督导与监测信息，为政府抓实城乡基础教育均衡发展的决策服务。

8.3 深化教育投入体制改革

从教育的公共产品属性分析，教育资源也应由政府提供。换句话说，政府应当承担教育投入的主体责任。目前，政府教育经费的投入与教育事业改革发展的实际不相匹配是制约城乡基础教育均衡发展的主要因素之一，业已成为我国城镇化进程中城乡基础教育均衡发展的一大"瓶颈"。从这个维度看，城乡基础教育均衡发展要解决经费公平投入这个重点问题。具体来看，应从以下几个方面深化教育投入体制改革。

8.3.1 完善教育财政投入体制

从整体上的教育财政投入综合分析来看,《关于深化教育体制机制改革的意见》提出,"健全教育投入机制",强调要完善财政投入机制,完善教育转移支付制度,加强经费监管,完善学生资助体系。同时,在投入保障上,要求"依法落实各级政府教育支出责任,健全各级教育预算拨款制度和投入机制,合理确定并适时提高相关拨款标准和投入水平,保证国家财政性教育经费支出占国内生产总值比例一般不低于4%,确保一般公共预算教育支出逐年只增不减,确保按在校学生人数平均的一般公共预算教育支出逐年只增不减。"同时,在深化教育体制机制改革的政策框架下,一方面要增强各级各类教育可持续发展的制度性经费保障,根据城乡基础教育均衡发展的需求及各级政府财政能力,研究制定国家与省级学前教育、义务教育、普通高中、中等职业教育和高等教育经费保障机制和生均财政拨款标准。并且城乡基础教育均衡发展所需的经费拨款标准应实现动态性增长,保证基本支出与项目支出的足额到位。另一方面还需将城乡基础教育均衡发展所需的标准与各级政府在基础教育方面的支出责任紧密联系,将相应的基础教育财政资金按照相应的规定纳入各级政府预算。

从局部上的基础教育财政投入综合分析来看,我国基础教育主要实行的是"地方负责、分级管理"的体制,虽然从2001年开始实施"以县为主"的管理体制,很大程度上缓解了农村地区的基础教育困难,但是农村地区的基础教育经费短缺问题依然较为突出,各级政府没有从根本上破解城乡基础教育投入结构不尽合理的难题,城乡基础教育之间的教育财政投入差距依然存在,这有悖于基础教育的准公共产品的基本属性。此外，基础教育的大部分财政投入主要由县级政府承担，一些县域经济发展相对较差的政府尚无法完全承担起基础教育改革发展的财政投入责任，城乡基础教育均衡发展更是难以得到有效保障。因此，城乡基础教育的均衡发展、特别是农村基础教育的发展，亟须国家财政体制和农村基础教育财政体制的改革与创新。这就要求，政府，尤其是中央和省级政府要从基础教育所具有的全国性特征的公共产品出发，顺应公共教育财政体制的需求与教育发展实际的需求，优化调整教育财政支出的结构，加大对基础教育、特别是农村基础教育的财政投入比例，通过采取向农村基础教育倾斜的政策，优先保证农村基础教育改革发展的资金需求，逐步缩小农村基础教育与城镇基础教育之间的差距，以此促进城乡基础教育均衡发展。

8.3.2 建立权责与能力相配的教育财政制度

建立事权、支出责任、支出能力相匹配的教育财政制度是形势发展所需，也是基础教育改革发展的内在需要。这一制度涉及到如何认识、处理中央与地方之间的财政关系问题。"从理论和制度上来说，应在明确界定市场经济中政府和市场作用边界的基础上，按照公共产品和服务的层次性分为全国性、地方性、跨区域（外溢性）公共产品和服务。"王善迈（2014）根据这个理论，需要梳理我国现行制度规范及其执行的具体实践。从事权、支出责任、支出能力的角度出发，地方政府尤其是县级政府的事权与支出责任相对于中央政府而言较大；而与相对较大的事权与支出责任，地方政府尤其是县级政府的财政能力相对低于中央政府。为此，按照如何促使事权、支出责任、支出能力更好地匹配的基本思路，教育财政制度的建立应把握两个方面。

（1）强化中央政府的基础教育事权和支出责任。我国目前各级政府在城乡基础教育均衡发展方面的事权与支出责任，存在各级政府职责划分模糊的问题，如强调中央政府在基础教育领域的领导责任，具体事项由各地方政府负责；加强基础教育省级政府的统筹以及县级政府的主导责任等。而对于各级地方政府怎样分工合作发展基础教育还缺乏充分、具体的规定，也没有对"省级统筹""以县为主"作出清晰的边界规定，因而往往导致各级地方政府在城乡基础教育均衡发展的职责上存在一定程度的交叉。《中共中央关于全面深化改革若干重大问题的决定》提出"建立事权和支出责任相适应的制度"，强调"中央和地方按照事权划分相应承担和分担支出责任。中央可通过安排转移支付将部分事权支出责任委托地方承担。""保持现有中央和地方财力格局总体稳定，结合税制改革，考虑税种属性，进一步理顺中央和地方收入划分。"应该说，《中共中央关于全面深化改革若干重大问题的决定》对于明晰中央与地方在基础教育事权和支出责任提供了基本遵循。就现阶段城乡基础教育均衡发展的实际需要而言，由于城镇化的持续推进，人口城镇化、人口跨区域和较大规模流动的特征显著，基础教育的区域外部性特征逐步增强，承担着一定的跨区域公共服务的职责，这就需要强化中央政府的事权和支出责任，或者通过财政转移支付的形式，加大对基础教育均衡发展的教育财政投入。

（2）提高县级政府的基础教育财政支出能力。客观而言，县级政府所承担的事权、支出责任，与其支出能力的匹配程度不高，特别是贫困地区或贫困县的政府缺乏完全承担起与事权、支出责任相一致的支出能力。在实际操作的过程中，基础教育管理体制基本遵循着谁主办、谁管理，谁管理、谁承担支出责任的思路。这就导致出现事权、支出责任与支出能力倒挂的现象，即，中央到各级地方，从事权与支出责任看，层级越低责任越大、层级越高责任越小，呈金字塔形；从财政支出能力看，层级越高财政支出能力越强，层级越低财政支出能力越弱，呈倒金字塔形。虽然中央对地方采取了教育财政专项支付等举措，但对于城乡基础教育均衡发展来说，还是面临着政府的财政支出能力有限的问题。这就需要以税制改革为契机，进一步理顺中央与地方政府的财政关系，使地方政府拥有与其事权与支出责任相对称的财政支出能力。

8.3.3 规范教育财政专项转移支付

各地区城乡基础教育均衡发展还需要规范、公平、均等的教育财政转移支付支持。也就是说，不论是城市还是农村，每个学生、每所学校都应享受到公平的待遇，特别是在财政拨款方面，每个学生都应享有同等额度的生均教育经费，而不是以学校是否属于重点层次来决定其生均教育经费的高低；每所学校也都应一视同仁，按照学生数量享受均等化的拨款政策。

我国的转移支付类型可分为一般性转移支付、专项转移支付。其中，一般性转移支付资金主要用于各地区因地制宜地实现公共服务均等化，地方政府拥有相对自主的支配权；专项转移支付资金主要用于下级地方政府为了执行上级政府特定政策所需，地方政府需要相应的资金配套。基础教育的转移支付属于专项转移支付，存在项目繁多、交叉等问题，例如在改善贫困地区基础教育办学条件的财政教育专项转移支付项目涉及到中央、地方政府各部门名目繁多、交叉重叠的项目。另外，在转移支付中，一般性转移支付在现行预算体制下难以增加，而专项转移支付的额度相对较易增加，使其成为地方政府争取财政资金的主要手段。这就导致在制度设计执行与监管层面，专项转移支出项目存在不够规范的现象，容易产生弄虚作假、挪用等现象。这样的转移支付方式必将影响到教育经费的均等化，也必将影响到城乡基础教育的均衡发展。

综上所述，需要对教育专项转移支付项目加以清理、整合、规范，避免交叉和重叠，并且将能够纳入到一般性转移支付范畴的教育专项转移支付项目，都应纳入到一般性转移支付当中。另外，根据城乡基础教育均衡发展的特点，设立相对独立的基础教育财政项目类别，建立基础教育财政专项转移支付制度，以充分保障城乡基础教育均衡发展的资金需求。

8.4 健全教育资源协调机制

有效推进城乡基础教育均衡发展需要构建起教师、设备、校舍、图书、信息化等资源均衡配置的协调机制，使得城乡每所中小学校都能够按照标准，拥有大体上均衡的办学物质条件、师资条件及信息化条件，从而在基础教育领域形成一个凸显公平的良好环境。

8.4.1 促进教师资源均衡化

教育是一项具有全局性、战略性、基础性和先导性的崇高事业，而教师则是教育的第一资源和教育事业发展的关键所在。影响城乡基础教育均衡发展的关键因素就是教师资源的配置不够均衡。也正是由于城乡经济社会条件的差距较为悬殊，使得教师由普通学校向重点学校流动、由农村学校向乡镇学校流动、由乡镇学校向县城学校流动、由县城学校向中心城区学校流动的现象较为普遍。在新的历史方位，为破解城乡教师资源的单向聚集难题提供了契机。党的十九大报告提出，"要坚持农业农村优先发展，按照产业兴旺、生态宜居、乡风文明、治理有效、生活富裕的总要求，建立健全城乡融合发展体制机制和政策体系，加快推进农业农村现代化。"城乡融合发展既为城乡基础教育均衡发展带来制度红利，也为促进教师资源的均衡化、提高农村学校师资水平带来政策红利。

（1）优化城乡教师资源均衡配置的制度环境。科学合理的制度设计直接影响到教育的公平和社会的公正。要突出城乡教师资源均衡配置在城乡基础教育均衡发展中的核心地位，在全国范围内强化顶层设计与总体规划，建立常态化的城乡教师资源均衡配置工作机制，根据城乡教师队伍的实际及城乡学龄人口的变化趋势，制定实施城乡教师队伍的建设与发展长期规划，以逐步形成政策体系，从宏观上为城乡教师资源均衡配置提供良好的制度环境。同时，在时机更为成熟时，修订或制定实施城乡教师资源均衡配置的法律法规，以立法形式进一步明确中央与地方政府在促进城乡教师资源均衡配置中的职责与权限，对城乡教师资源编制标准、经费保障、薪酬待遇、职业发展等作出明确规定。

（2）科学修订城乡基础教育教师编制标准。在我国现行的有关基础教育的教师编制标准中，"生师比""班师比"是衡量教师编制的指标。相对而言，这一衡量指标较为片面，只注重教师资源配置的数量问题，没有考虑到教师资源配置的质量及基础教育各个学科的育人功能，不能很好地适应城乡基础教育均衡发展的形势需要。这就需要科学修订城乡教师编制标准。一方面，从数量与质量两个方面加以修订，既按照生师比与班师比相结合的方式核定教师编制，也按照学科教师配比来制定编制标准，还综合考虑教师的学历结构、学科结构、年龄结构和职称结构等体现师资配置质量的指标，在城乡学校间配齐配足配好师资。并在此基础上，结合各地基础教育事业发展的实际，实现城乡中小学校教师编制标准的统一。另一方面，实行城乡教师编制的动态调整。即根据城镇化进程中农村学校学生逐渐减少而城镇学校学生逐渐增加的现实问题，并结合教师教学工作量，探索城乡教师资源的动态调整机制，从而解决城乡基础教育师资的结构性矛盾。

（3）采取教师交流轮岗与乡村教师支持措施。即通过城乡基础教育师资的双向互动交流实现城乡基础教育师资资源的均衡配置。一方面，选派一批批城镇基础教育的优秀教师到农村地区的中小学任教，传播先进教育理念、教学方法等，促进农村地区基础教育师资质量的提升，优化农村地区基础教育师资结构；另一方面，经常选拔、选调农村基础教育的优秀教师到城镇中小学任教任职，通过城镇与农村优秀教师的互动交流，不断培养更高水平的农村基础教育师资。

（4）拓展农村教师资源补充渠道。以农村教师资源、特别是优质教师资源相对短缺的问题为导向，进一步拓展师范生免费教育政策的覆盖面，为农村基础教育发展培养更多更高素质的教师；完善大学生支教政策，对大学生支教活动进行系统化管理，优化支教大学生的遴选流程，组织开展必要的专题培训，提高支教质量；严格执行农村基础教育教师的招聘制度及教师资格认定制度，采取"凡进必考"的方式，以保证农村基础教师的质量。

（5）完善农村基础教师的教师待遇保障机制。为了使农村基础教师的优秀教师"下得去""干得好""留得住"，需要进一步完善农村教师的待遇保障机制。首先，要加强中央政府对城乡基础教育教师薪酬待遇的调控力度，即中央政府应根据地方财力状况合理确定基础教育教师薪酬待遇方面的转移支付比例，调动地方政府在基础教育领域财政投入的积极性。其次，省级政府应遵循保基准的原则，并根据本省经济社会发展的实际状况不断增加农村基础教育师资的基本工资水平，实现省域内城乡基础教育教师薪酬的同步增长。第三，县区政府应参照本地公务员或县镇基础教育师资的薪酬水平，调整农村基础教育师资薪酬增长的速度，实现农村与县镇基础教育师资的相同工资水平；另外县级财政还应在收入分配时进一步向农村基础教育教师倾斜。除此之外，还应对长期在农村地区从事基础教育工作的教师颁布荣誉证书及相应的奖励，以增强农村基础教育领域教师的使命感、责任感、荣誉感。

8.4.2 推进校舍标准化建设

校舍标准化建设是城乡基础教育均衡发展的重要内容。如何以校舍标准化建设为突破口，提升城乡中小学校的办学品质是必须面对和亟待解决的问题。

（1）优化城乡基础教育规划布局。应基于城乡基础教育资源均衡配置的原则，以及城镇、农村基础教育学校的辐射半径，合理设置城乡基础教育学校的规模及其布局布点，提高城乡基础教育的可及性及基础教育资源的使用效率，避免因城乡基础教育学校空间布局的不合理、不规范而导致城乡基础教育学生的求学成本（王银峰，2016）。此外，还要顺应城镇化持续推进的形势，结合农村人口向城市流动频率加快、范围扩大等实际，要用前瞻性的眼光，把准农村教育城镇化的趋势，有计划、有步骤地将部分乡村教育资源向县城转移。

（2）加强对薄弱基础教育学校改造。薄弱学校是城乡基础教育布局调整中的"软肋"。应采取加大投入、政策优惠等措施，着力改造、提升薄弱学校，缩小其与优质中小学校的差距，逐步达到均衡。在推进这类学校改造过程中，要遵循城乡基础教育学校办学标准，将这类学校改造作为"一把手工程"，纳入政府的重点民生实事项目，为学校改造开辟绿色通道。完善经费保障机制，建立以县为主、省市奖补的经费保障制度，明确投入保障和学校改造工程优惠政策，引导鼓励社会力量支持学校改造。细化督导评估机制，建立巡查、自查制度，重点难点项目跟踪督查的监督检查机制，保证工程质量和改造效果。

（3）促进城乡基础教育资源互享。采用"名校托管""城校村区""城乡教育共同体"等模式，促进基础教育资源在城乡之间共享。在基础教育布局调整中，避免一味地以"撤""并"为主的模式，而是创新布局模式，充分利用好"名校"这种不可多得的教育资源，用城市的"名校"托管农村的小学，促使两个校区的人、财、物进行统一管理，促进两个校区在教学管理、教师培训、教学研讨、学生活动等方面互助交流、共同进步，形成"城区名校＋农村校区"的格局，推动"名校"资源共享。如浙江杭州实施的"名校集团化"战略便是利用"名校"资源共享的典型案例，走的是以"名校"资源输出为主要内容的城乡基础教育均衡发展之路。

8.4.3 建立信息化共享平台

基础教育资源信息化共享平台的构建有利于充分利用现代信息技术的数据化、网络化、智能化和多媒体化等技术优势，实现该平台的开放、共享、交互和协作的功能，促进城乡基础教育公平。

（1）夯实教育信息化基础设施。教育信息化的基本设施建设是实现农村基础现代化发展的基础。应以宽带网络校校通建设为基础，完善教育城域网络结构，扩大网络覆盖面，建成覆盖全面的教育信息化"高速公路"；以优质资源班班通建设为重点，满足城乡教师利用设备进行备课和授课的需要，形成城乡均衡的信息化教学环境；以家校通、微信、人人通等平台为媒介，搭建师生、家校间沟通的平台；以教育资源管理平台为基础，建设城乡基础教育协同发展的管理服务系统。

（2）推动教育信息化融合发展。农村基础教育要实现快速发展与质量的提升还需要加强教育信息化的整合，充分利用信息化的后发优势，缩小与城镇基础教育的差距；城镇基础教育领域坚持优质资源共建共享的基本理念，不断整合优质基础教育资源，丰富基础教育优质资源库，并通过教育信息平台与农村地区实时分享；城乡基础教育应进一步推进课堂教学改革，实现信息技术与教学的深度融合。

（3）推进城乡教育资源共享。教育信息化的核心使命是运用现代信息技术来优化教育、教学过程，提升教学质量，大幅度提升农村地区、薄弱学校的教育质量，缩小区域之间、校际之间、学生之间教育结果的不均衡，最终实现普遍均衡。为此，要促进优质课程与教学资源共享，通过互联网打破由地域物理环境限制所导致的资源壁垒，以融合的通信网络获取可共享的优质教学资源，缓解教学资源分配不均衡的矛盾；促进教师智力资源的可持续输送，采用"在线课堂""同步课堂""专递课堂"等方式，推广"中心学校带教学点""一校带多点、一校带多校"的模式，构建强校带弱校、优秀教师带其他教师的制度，以网络建设稳定城乡学校之间的结对帮扶，并用学科专家引领网络教研社区，创建全员参与、团队合作、鼓励创新、可持续发展的网上研修共同体，为农村教师的专业发展提供新途径；提升课堂教学效益、效率和效果，师生应用交互性的信息技术，增强教师教的效果，提升学生自主获取知识的能力。

8.5 本章小结

在新的历史方位上，城镇化进程中的城乡基础教育均衡发展面临新契机、迈上新征程。本章结合党的十九大提出的新思想、新部署、新要求，围绕如何更有效地促进城镇化进程中的城乡基础教育均衡发展的主题，从推动教育公平理念落地、强化政府教育统筹责任、深化教育投入体制改革、健全教育资源协调机制等四个方面，提出了对策建议。综合来看，这些对策建议呈现出三个方面的特点：

（1）突出了基础教育均衡发展的未来趋势。当前，我国基础教育均衡发展表现出三大趋势：一是整体上进入"后普及教育阶段"。随着中国特色社会主义新时代的到来，教育领域的矛盾已经转变成为人民群众接受更好教育的需要与教育发展不充分不均衡的矛盾，这必将对提升基础教育均衡发展水平、改善基础教育均衡发展品质提出新的、更高的要求，也更加凸显基础教育均衡发展的重要价值及必要性、紧迫性，必然要求进一步加大基础教育体制改革力度，加速推进教育治理体系和治理能力现代化。二是一些新问题伴随着城镇化进程的推进而产生。在加速推进城镇化的进程中，较大规模的人口由农村向城镇流动，形成了城市流动儿童与农村留守儿童两大群体，也催生了城镇地区的相对大班额大规模学校、集中了大量留守儿童的农村寄宿制学校以及以村教学点为代表的小规模学校。妥善解决好上述两大群体的教育问题、妥善化解上述三类学校的均衡发展矛盾，都需要从宏观、中观、微观上予以高度重视并作出整体性的制度安排。这对于政府、各级教育管理部门、学校乃至社会等方方面面都是巨大的挑战。三是信息化时代对教育提出新的需求。信息化时代对人们的理念、学习、生活、工作等都带来深刻影响和变革，由此出现多元化的基础教育格局，且以学习者为中心的教育理念日渐深入人心，一些教育创新与探索的做法得到推崇和鼓励。这对于以促进教育公平为主的教育变革带来新的影响，需要重点突破、配套跟进。本章的内容，对于基础教育均衡发展如何顺应这三大趋势的要求，都作出不同程度的回应和阐述。

（2）契合了基础教育均衡发展的战略主题。当前和今后一个时期，"公平""质量"是教育领域的战略主题。正如党的十九大报告提出的，"努力让每个孩子都能享有公平而有质量的教育"。这两个战略主题也是基础教育改革发展所必须遵循的。在城镇化进程中推进城乡基础教育的均衡发展，就是践行公平理念、提升教育质量的应然之举。那么，怎样才能实现基础教育均衡发展的目标呢？本章从推动教育公平理念落地这个目标入手，提出了强化政府教育统筹责任的路径，明晰了深化教育投入体制改革的举措，强调了健全教育资源协调机制的保障，形成了目标——路径——举措——保障的链条，较好地契合了基础教育均衡发展的战略主题。

（3）把握了基础教育均衡发展的关键抓手。城镇化进程中的城乡基础教育均衡发展是一项系统工程。从这一系统工程的运行规律看，其关键抓手主要体现为三点：制定实施相关政策的起点和落脚点是基于公正、包容、结果、效率等四个维度，切实保障教育的起点公平、过程公平、结果公平，为人民群众提供均衡优质的基础教育，促使教育公平的理念落地生根，并成为基础教育改革发展的主旋律、主脉络；推进基础教育均衡发展的关键点是要有一个有担当有作为的政府，也就是说，政府是承担基础教育的办学主体，有责任担当起基础教育改革发展的第一责任，自然也必须责无旁贷地担当起促进城乡基础教育均衡发展的重任，也必须承担基础教育投入的主体责任，并在此基础上着力深化教育投入体制改革，增强政府教育经费的投入与教育事业改革发展的实际相匹配的程度，消除经费投入这一制约城镇化进程中城乡基础教育均衡发展的"瓶颈"；保证基础教育均衡发展目标实现的支撑点是运行高效、务实管用的基础教育资源均衡配置的机制，这要求大力践行以人民为中心的发展思想，着力构建教师、设备、校舍、图书、信息化等资源均衡配置的协调机制，使得城乡每所中小学校都能够按照标准，拥有大体上均衡的办学物质条件、师资条件及信息化条件，从而在基础教育领域形成一个凸显公平的良好环境。

参 考 文 献

［1］Francois，Aderson. Brand of Inferiority：The Civil Rights Act of 1875，White Supremacy，and Affirmative Action［J］. Howard Law Journal，2013（57）：573.

［2］教育部. 国家教育体制改革领导小组办公室《关于进一步扩大省级政府教育统筹权的意见》［EB/OL］. http：//old. moe. gov. cn//publicfiles/business/htmlfiles/moe/s6529/201412/182221. html，2014 - 12 - 22.

［3］陈丰. 基于财政视角的城乡义务教育均衡发展研究［D］. 青岛，中国海洋大学，2014.

［4］崔艳群. 美国各级政府义务教育责任及对我国的启示［D］. 杭州，浙江财经大学，2016.

［5］郭春永，张胜利. 脱贫攻坚：连片特困县义务教育均衡发展的困境突破［J］. 教育理论与实践，2017（11）：19 - 24.

［6］黄俭. 中国义务教育省级统筹问题研究［D］. 武汉大学，2015.

［7］雷培梁. 人的城镇化进程中的教育发展问题研究［D］. 福建师范大学，2016.

［8］柳欣源. 义务教育公共服务均等化的制度构建［D］. 华东师范大学，2017.

［9］马辰威. 新常态下城乡统筹基础教育发展路径研究——以成都市为例［J］. 教育与教学研究，2017（6）：15 - 20.

［10］王春雷，李清薇. 国外义务教育均衡发展的基本举措及启示［J］. 课程教材教学研究，2016（8）：10 - 14.

[11] 王萃元，马青. 美国农村义务教育十年走势与政策议题 [J]. 教学与管理，2016（4）：31－36.

[12] 王善迈. 完善投入体制继续深化教育财政体制改革 [N]. 中国教育报，2014－3－7（7）.

[13] 王星霞. 义务教育发展政策变迁：制度分析与制度创新 [J]. 河南大学学报（社会科学版），2017（3）：21－26.

[14] 王银峰. 新时期城乡基础教育均衡发展策略研究 [J]. 教育理论与实践，2016（23）：9－11.

[15] 王银峰. 新时期城乡基础教育均衡发展策略研究 [J]. 教育理论与实践，2016（8）：8－14.

[16] 吴孝. 试论城乡义务教育一体化师资配置政策路径 [J]. 教育评论，2016（1）：120－123.

[17] 徐小容，朱德全. 义务教育均衡发展的推进逻辑与价值旨归 [J]. 教育研究，2017（10）：22－28.

[18] 薛二勇，李廷洲. 义务教育师资城乡均衡配置政策评估 [J]. 教育研究，2015（8）：65－73.

[19] 阎宇. 城乡基础教育均等化的国际经验与借鉴 [J]. 社会科学战线，2011（9）：25－32.

[20] 张家政. 以均衡发展促进教育公平 [N]. 人民日报，2013－11－20（7）.

[21] 张雅光. 城乡义务教育师资均衡配置的国际经验与启示 [J]. 国外中小学教育，2017（1）：11－15.

[22] 赵鹏宇. 吉林省义务教育资源配置问题研究 [D]. 长春工业大学，2017.

[23] 中办国办印发《关于深化教育体制机制改革的意见》 [N]. 人民日报，2017－9－25（1）.

[24] 中共中央关于全面深化改革若干重大问题的决定 [M].

北京：人民出版社，2013：17.

［25］中国共产党第十九次全国代表大会文件汇编［M］．北京：人民出版社，2017：19.

［26］中华人民共和国教育部．中华人民共和国教育法［EB/OL］．http：//www. moe. edu. cn/s78/A02/zfs—left/s5911/moe_619/201512/t20151228_226193. html，2015 – 12 – 28.

9

结论与展望

随着我国城镇化由数量型向质量型的发展转型，基础教育的均衡发展程度直接影响到以人为核心的质量型城镇化水平的提高，基础教育对城镇化建设而言有着基础性、全局性、先导性的作用。其中，尤其是城乡基础教育的均衡发展将有力助推中国城镇化质量水平的提升。而且城乡基础教育的均衡发展程度直接体现了一国政治、经济领域权利公平的实现，是一国社会稳定的重要基石。因此城乡基础教育的均衡发展已经成为我国国家发展战略的重要内容。而如何基于城镇化发展的背景分析城乡基础教育的均衡发展问题已经成为学界不断关注的重点，通过理论与实证考察城镇化进程中城乡基础教育均衡发展将有利于缩小城乡经济社会发展的差距，不断缓解城镇化进程中城乡基础教育发展的矛盾。

9.1　主要结论

本书在对国内外相关研究进行系统梳理，吸收并借鉴前人研究成果的基础上，采用理论与实证相结合的研究方法，从现状分析、

效应发挥、原因剖析、个案分析、实践探索、政策建议等五个方面
对城镇化进程中城乡基础教育的均衡发展水平进行了有益探索和系
统研究，已基本达到预期目标。本书主要取得以下研究成果：

（1）通过对公共产品、政府职能、教育公平、人力资本和城乡
一体化等基础理论的探讨，本书从学理层面对基础教育的概念内
涵、产品属性、供给主体责任等进行了深入阐述。认为城镇化进程
中城乡基础教育均衡发展的要求是教育公平多维度含义的体现，是
一国人力资本水平提高的基础，政府通过相应职能的履行，保障城
乡每一位适龄儿童享有平等的受教育机会，实现城乡基础教育过程
公平与结果公平。

（2）本书主要基于世界城镇化发展历程形成的诺瑟姆曲线，分
析了我国城镇化进程及城乡基础教育发展现状；分别从人口城镇
化、经济城镇化和阐述城镇化与城乡基础教育相互影响的作用机
理；同时结合相关统计数据的对比分析，考察了城乡基础教育资源的
分配现状，发现快速的城镇化进程导致了城乡社会经济发展的不平衡
性日益加剧，但是国家通过对教育资源分配的调控，通过向乡村大幅
度倾斜，使得城乡基础教育资源的差距得以不断缩小。

（3）基于 2005～2014 年中国 30 个省际面板数据，本书分别建
立了城镇化进程中城乡基础教育差异对城乡人力资本差距、城乡收
入差距、经济增长影响的计量经济模型，实证考察了城镇化背景下
城乡基础教育对城乡人力资本差距、城乡收入差距、经济增长的影
响，实证结果表明，城乡基础教育预算内支出的差距是导致城乡人
力资本差异形成的重要原因，城乡基础教育差距进一步扩大了城乡
收入差距，人均 GDP 的增长、财政教育支出占比的提升及城镇化水
平的提高有利于城乡差距的缩小。城镇基础教育的产出弹性高于农
村基础教育的产出弹性，而农村固定资产投资的产出弹性较大。

（4）本书进一步围绕城镇化进程中城乡基础教育非均衡发展的

原因进行了分析，分别从城乡基础教育非均衡的经济性因素、城乡基础教育非均衡的制度性因素，具体包含户籍制度、教育管理体制、财政体制、民主决策机制等，以及城乡基础教育非均衡的政策性因素等方面来剖析城镇化进程中城乡基础教育非均衡的原因。

（5）在对江西省城乡基础教育均衡发展水平的个案研究中发现：江西城乡基础教育师资数量和师资质量的差异仍然存在，其中城镇小学、初中的教职工数量超过了农村地区城镇基础教育阶段的生均高学历教师数量超过了农村地区；城乡小学生均预算内教育经费支出差异呈振荡下降的趋势，初中生均预算内教育经费支出差距呈微微振荡上升的趋势，其中差异最为明显的均为基建经费支出，其次是公用经费支出，最后是人员经费支出；江西农村基础教育物力资源的质量低于城镇地区。

（6）通过国内外城镇化进程中城乡基础教育均衡发展的实践探索研究发现，城乡基础教育的均衡发展与教育发展理念、一体化的基础教育办学、经费保障机制、政府部门的统筹、师资队伍建设、分类指导等密不可分。

（7）本书基于城乡化进程中城乡基础教育均衡发展的理论与实证研究结果，并结合党的十九大报告提出的新思想、新部署、新要求，围绕如何更有效地促进城镇化进程中的城乡基础教育均衡发展的主题，从推动教育公平理念落地、强化政府教育统筹责任、深化教育投入体制改革、健全教育资源协调机制等方面提出相应的对策建议。

9.2 研究展望

如何在城镇化演进过程中实现城乡基础教育的均衡发展是一个

较为复杂的研究课题，所涉及的研究对象较为复杂、研究内容较为广泛、研究方法具有复杂多样性，相关的素材资料和数据并不容易获取；同时受笔者学识、经历和时间的局限，书中有些问题尚未充分进行论证和说明，需要进一步深入探索和不断完善相关政策。而且根据国家公布的"十三五"规划纲要和十九大报告要求，应"以人为核心保障民生，推进新型城镇化"，"推动城乡义务教育一体化发展"。可以预见，在以人为核心的新型城镇化建设中如何实现城乡基础教育的均衡发展必将成为学界和各级政府持续关注的热点问题，相关研究也必将进一步深化和拓展。

（1）关于城镇化背景下城乡基础教育的研究对象方面。本书主要研究城、乡在基础教育阶段的整体均衡发展状态，而未涉及新型城镇化进程中城市内部、农村内部的基础教育公平问题研究，如城镇内部中的农民工随迁子女的基础教育公平问题、农村内部的留守儿童基础教育公平问题。并且本书的基础教育研究对象并未涵盖学前教育，而学前教育亦是基础教育的重要内容。今后应进一步围绕新型城镇化建设对城市内部、农村内部基础教育条件、起点、过程、结果的教育公平问题展开深入探索。

（2）关于城乡基础教育均衡发展的测评研究。本书主要通过城乡基础教育均衡发展的指标体系构建，利用城乡基础教育资源的生均数采用绝对指标和相对指标进行城乡基础教育均衡发展水平的测评，并未充分考虑城乡教育组织结构变化所带来的影响。而在城镇化进程中城乡基础教育的组织结构差异显著且直接影响生均数指标，可能会影响对城乡基础教育实质差距的分析结果，因为城乡差距缩小可能亦是农村规模不经济的表现。因此，还需进一步对基于生均指标的城乡基础教育差异分析展开更加深入的理论与实证探讨。

后　　记

　　本书写作的想法最初萌发于 2014 年。当时中央提出"坚持走中国特色新型城镇化道路，推进以人为核心的城镇化"建设，对我这个长期关注城乡基本公共服务均等化问题的学者触动很大。加之本人主持的省社科规划项目"城镇化进程中基本公共服务资源的均衡配置研究"和省高校人文社科项目"包容性增长视角下的城乡基本公共服务均等化研究"结题，在结项报告撰写过程中，对以人为核心的新型城镇化发展道路下乡基础教育均衡发展问题产生了浓厚兴趣。虽然这两个课题的研究成果可以为本书的写作提供一些前期基础，但与本书写作要求仍有较大差距。于是，就开始在系里找了几个兴趣相投的老师组建了课题组，着手收集资料和写作研讨。由于我们大都是经济学教育背景，缺乏教育学的系统知识，所以时常与南昌师范学院的敖四江博士探讨，并在本书第七章、第八章的写作过程中得到他的大力支持和帮助。正是因为这份努力，本人 2016 年成功申请了江西省教育科学规划项目"江西城乡义务教育资源配置均衡发展测评研究"，为写作本书提供了有力支持。

　　本书撰写过程中，课题组成员周军霞、雷婷、胡炎、汪建华、曾浩等为资料收集整理、数据统计分析、问题研讨论证做了大量务实有效的工作，尤其是曾浩博士不仅日常工作繁忙，还需照顾家中老小，为了这本书，时常忙到深夜，为第 3 章、第 5 章的写作付出了心血、做出了贡献。此外，本书的写作得到了东华理工大学经济与管理学院的邹晓明教授、熊国保教授、马智胜教授、朱青教授等的关心与指导，丁宝根、张维、秦顺乔、张帆、张丽颖、李争、郑鹏等同事的支持与帮助；本书出版得到了东华理工大学创新团队项目出版资助，以及经济科学出版社责任编辑李雪女士的支持。在此一并表示感谢！

　　本书在撰写过程中参阅和借鉴了大量国内外文献资料，虽已尽可能在文献索引部分予以注明，但难免会有遗漏，在此对未引注者表示诚挚歉意，并对您的支持表示衷心感谢。

　　由于作者的学术水平和实践经验有限，书中难免存在不当、疏漏和谬误之处，敬请读者批评指正，我的邮箱是 luozhh@ ecit. cn，你们的任何意见和建议，我都会仔细学习和认真思考，以求不断完善提高。

作者

2017 年 12 月